Minutos
DE ESTUDIO BÍBLICO

PROGRAMA DE
ESTUDIO
EN 6 SEMANAS

LA FORTALEZA

DE CONOCER

A DIOS

MINISTERIOS
PRECEPTO
INTERNACIONAL

KAY ARTHUR

La fortaleza de conocer a Dios
Publicado en inglés por WaterBrook Press
12265 Oracle Boulevard, Suite 200
Colorado Springs, Colorado 80921
Una división de Random House Inc.

Todas las citas bíblicas han sido tomadas de la Nueva Biblia Latinoamericana de Hoy;
© Copyright 2005
Por la Fundación Lockman.
Usadas con permiso (www.lockman.org).

ISBN 978-1-62119-212-1

Copyright © 2014 por Ministerios Precepto Internacional

Todos los derechos son reservados. Ninguna parte de esta publicación puede reproducirse, traducirse, ni transmitirse por ningún medio electrónico o mecánico que incluya fotocopias, grabaciones o cualquier tipo de recuperación y almacenamiento de información sin permiso escrito del editor.

Precepto, Ministerios Precepto Internacional, Ministerios Precepto Internacional Especialistas en el Método de Estudio Inductivo, la Plomada, Precepto Sobre Precepto, Dentro y Fuera, ¡Más Dulce que el Chocolate! Galletas en el Estante de Abajo, Preceptos para la Vida, Preceptos de la Palabra de Dios y Ministerio Juvenil Transform son marcas registradas de Ministerios Precepto Internacional

2014 – Edición Estados Unidos

CONTENIDO

Cómo usar este estudio v

Introducción: La fortaleza de conocer a Dios 1

Primera Semana: Dios es el Auto-existente,
                       Auto-suficiente Creador 3

Segunda Semana: Dios es el Supremo Soberano del Universo 21

Tercera Semana: Dios es el Todopoderoso
                       Omnisciente y Omnipresente 37

Cuarta Semana: Dios es Santidad, Justicia y Verdad 55

Quinta Semana: Dios es Amor 75

Sexta Semana: Dios es Santo 91

CÓMO USAR ESTE ESTUDIO

Este estudio bíblico ha sido diseñado para grupos pequeños que están interesados en conocer la Biblia, pero que disponen de poco tiempo para reunirse. Por ejemplo, es ideal para grupos que se reúnen a la hora de almuerzo en el trabajo, para estudios bíblicos de hombres, para grupos de estudio de damas, para clases pequeñas de Escuela Dominical, o incluso para devocionales familiares. También, es ideal para grupos que se reúnen durante períodos más largos – como por las noches o los sábados por la mañana – pero que sólo quieren dedicar una parte de su tiempo al estudio bíblico, reservando el resto del tiempo para la oración, comunión y otras actividades.

Este libro está diseñado de tal forma que el grupo tendrá que realizar la tarea de cada lección al mismo tiempo que se realiza el estudio. El discutir las observaciones a partir de lo que Dios dice acerca del tema revela verdades emocionantes e impactantes.

Aunque es un estudio grupal, se necesitará un facilitador para dirigir al grupo – alguien que permita que la discusión se mantenga activa. La función de esta persona no es la de conferencista o maestro. No obstante, cuando este libro se usa en una clase de Escuela Dominical, o en una reunión similar, el maestro debe sentirse en libertad de dirigir el estudio de forma más abierta, dando otras observaciones además de las que se encuentran en la lección semanal.

Si eres el facilitador del grupo, el líder, a continuación encontrarás algunas recomendaciones para hacer más fácil tu trabajo:

- Antes de dirigir al grupo, revisa toda la lección y marca el texto. Esto te familiarizará con el contenido y te capacitará para ayudar al grupo con mayor facilidad. Te será más cómodo dirigir al grupo siguiendo las instrucciones de cómo marcar, si tú como líder escoges un color específico para cada símbolo que marques.

- Al dirigir el grupo, comienza por el inicio del texto y lee en voz alta siguiendo el orden que aparece en la lección, incluyendo los "cuadros de aclaración" que pueden aparecer. Trabajen la lección juntos, observando y discutiendo lo que aprenden. Al leer los versículos bíblicos, haz que el grupo diga en voz alta la palabra que se está marcando en el texto.
- Las preguntas de discusión sirven para ayudarte a cubrir toda la lección. A medida que la clase participe en la discusión, muchas veces te darás cuenta de que ellos responderán a las preguntas por sí mismos. Ten presente que las preguntas de discusión son para guiar al grupo en el tema, no para suprimir la discusión.
- Recuerda lo importante que es para la gente el expresar sus respuestas y descubrimientos. Esto fortalece grandemente su entendimiento personal de la lección semanal. Asegúrate de que todos tengan oportunidad de contribuir en la discusión semanal.
- Mantén la discusión activa. Esto puede significar el pasar más tiempo en algunas partes del estudio que en otras. De ser necesario, siéntete en libertad de desarrollar una lección en más de una sesión. Sin embargo, recuerda que no debes ir a un ritmo muy lento. Es mejor que cada uno sienta que contribuye a la discusión semanal, "que deseen más", a que se retiren por falta de interés.
- Si las respuestas del grupo no te parecen adecuadas, puedes recordarles cortésmente, que deben mantenerse enfocados en la verdad de las Escrituras. La meta es aprender lo que la Biblia dice, no adaptarse a filosofías humanas. Sujétate únicamente a las Escrituras y permite que Dios te hable. ¡Su Palabra es verdad (Juan 17:17)!

LA FORTALEZA DE CONOCER A DIOS

Mucha de nuestra confusión y dolor, incertidumbre y malas decisiones en la vida vienen porque no conocemos a Dios. Puede que conozcamos de Él. Puede que sepamos lo que otros dicen de Él. Pero ¿sabemos acaso lo que Él dice de Sí mismo? ¿Sabemos por nosotros mismos quién Él realmente es, cómo se conduce a Sí mismo con la humanidad?

Cuando conocemos a Dios por quien Él realmente es, tenemos poder en nuestras vidas, la habilidad de estar firmes. Un verdadero entendimiento del carácter de Dios lleva no tan solo al conocimiento sino a la acción.

"El pueblo que conoce a su Dios se mostrará fuerte y actuará".
(Daniel 11:32b)

El conocer a Dios nos capacita, como creyentes, a mostrar fortaleza en tiempos de estrés y tomar acción cuando el resto del mundo parece inmóvil.

2 | La fortaleza de conocer a Dios

A través de las verdades que descubriremos en este estudio conocerás a Dios como nunca antes. Al hacerlo, tu fortaleza y fe aumentarán. Podrás estar seguro, habiendo visto quién es tu Dios, lo que Él quiere y cómo podemos vivir en relación con Él.

PRIMERA SEMANA

La Biblia – un libro que Dios nos dice que fue escrito por el hombre pero inspirado por Él (2 Timoteo 3:16) – comienza con Dios. También termina con Dios. Y todo lo que hay entre el primer libro de la Biblia, Génesis, y el último, Apocalipsis, tiene que ver con Dios y Su relación con la humanidad. ¡Qué maravillosa verdad saber que el Dios del universo quiere tener una relación con nosotros!

En los sesenta y seis libros que comprenden la Biblia, puedes descubrir por ti mismo todo lo que Dios quiere que sepas sobre Él, sobre Sus caminos y sobre cómo tú, como ser humano, puedes tener una relación personal y amorosa con Él. Una relación que te ayudará a sobrepasar toda situación y circunstancia en la vida.

El propósito de *La fortaleza de conocer a Dios* es ayudarte a ver y entender por ti mismo quién Dios dice que Él es. Un conocimiento personal de Dios te ayudará a ser fuerte, a mantenerte firme y a tomar la acción que sea necesaria para manejar cualquier situación en la vida (Daniel 11:32b).

Así que ¡prepárate para una experiencia reveladora y muchas discusiones interesantes sobre la practicidad de conocer a Dios por Quien Él dice que es!

4 | La fortaleza de conocer a Dios

Génesis 1:1-5

¹ En el principio Dios creó los cielos y la tierra.

² La tierra estaba sin orden y vacía, y las tinieblas cubrían la superficie del abismo, y el Espíritu de Dios se movía sobre la superficie de las aguas.

³ Entonces dijo Dios: "Sea la luz." Y hubo luz.

⁴ Dios vio que la luz era buena; y Dios separó la luz de las tinieblas.

⁵ Y Dios llamó a la luz día y a las tinieblas llamó noche. Y fue la tarde y fue la mañana: un día.

OBSERVA

¿Cómo comienza Dios la Biblia? ¿Cómo se presenta a Sí mismo a la humanidad en el libro que proclama ser la misma Palabra de Dios?

Líder: Lee Génesis 1:1-5 en voz alta. Pide al grupo que diga en voz alta y...

- *Marque cada referencia a **Dios**, incluyendo pronombres, con un triángulo, como este:* △
- *Dibuje una línea ondulada como esta* ∿ *bajo la frase **Entonces dijo Dios**.*
- *Encierre en un círculo la palabra (día).*
- *Encierre en un círculo las frases de (tiempo).*

Al leer el texto, es útil que el grupo diga las palabras clave en voz alta a medida que las marcan. De esta manera todos estarán seguros de que están marcando cada ocurrencia de la palabra, incluyendo cualquier palabra o frase sinónimo. Haz esto a lo largo de todo el estudio.

DISCUTE

- ¿Qué aprendiste al marcar las referencias a Dios y Sus acciones en estos primeros cinco versículos de la Biblia?

Primera Semana | 5

- ¿Qué nos dice Dios acerca de cómo hizo lo que Él hizo?

- ¿Había alguien presente aparte de Dios?

- ¿Cuántos días pasan en los versículos 1-5?

- ¿Cómo se describe un día?

OBSERVA

Desde Génesis 1:6 hasta Génesis 1:25, Dios nos dice todo lo que Él creó excepto por una última cosa. Observaremos ese texto.

Líder: Lee Génesis 1:26-28, 31-2:1 en voz alta. Una vez más pide al grupo que...
- *Marque cada referencia a **Dios**, incluyendo pronombres, con un triángulo.*
- *Dibuje una línea ondulada bajo la frase **dijo Dios**.*
- *Dibuje un rectángulo alrededor de cada referencia al **hombre**, incluyendo los pronombres:* ▭
- *Encierre en un círculo la palabra **día**.*

Génesis 1:26-28, 31-2:1

[26] Y dijo Dios (Padre, Hijo y Espíritu Santo): "Hagamos al hombre a Nuestra imagen, conforme a Nuestra semejanza; y ejerza dominio sobre los peces del mar, sobre las aves del cielo, sobre los ganados, sobre toda la tierra, y sobre todo reptil que se arrastra sobre la tierra."

[27] Dios creó al hombre a imagen Suya, a imagen

6   La fortaleza de conocer a Dios

de Dios lo creó; varón y hembra los creó.

²⁸ Dios los bendijo y les dijo: "Sean fecundos y multiplíquense. Llenen la tierra y sométanla. Ejerzan dominio sobre los peces del mar, sobre las aves del cielo y sobre todo ser viviente que se mueve sobre la tierra."

³¹ Dios vio todo lo que había hecho; y era bueno en gran manera. Y fue la tarde y fue la mañana: el sexto día.

²·¹ Así fueron acabados los cielos y la tierra y todas sus huestes (todo lo que en ellos hay).

DISCUTE

- ¿Qué aprendiste acerca de Dios en estos versículos?

- ¿Qué aprendiste acerca del hombre?

- ¿Cómo se compara esto con lo que te han enseñado, o lo que crees, acerca de la creación del hombre?

- ¿En qué día tomó lugar la creación del hombre?

- Si tuvieras que resumir en una palabra lo que has aprendido acerca de Dios en Génesis 1:1-2:1, ¿qué palabra usarías y por qué?

- Según todo lo que Dios nos ha dicho hasta ahora en la Biblia, ¿cómo logró hacer todas las cosas descritas en estos versículos?

Primera Semana

OBSERVA

¿Notaste en Génesis 1:26 los pronombres que Dios usó al hablar de la creación del hombre – hagamos y Nuestra? Él dijo "Hagamos al hombre a Nuestra imagen". ¿Por qué los pronombres en plural? ¿Quién es el Nuestra? En Génesis 1:2 viste el Espíritu de Dios activo en la creación y moviéndose sobre la superficie de las aguas. Pero todavía hay alguien más incluido en ese Nuestra.

Líder: Lee Juan 1:1-4, 14-18 y pide al grupo que…

- *Marque cada referencia al **Verbo**, incluyendo pronombres y sinónimos, con una cruz:* ✝
- *Marque cada referencia a **Dios** con un triángulo.*
- *Encierre en un círculo cada referencia de **tiempo**, como **principio**, **después**, **antes**, y **primero**.*

DISCUTE

- Versículo por versículo, discute lo que aprendiste al marcar las referencias al Verbo.

Juan 1:1-4, 14-18

¹ En el principio ya existía el Verbo (la Palabra), y el Verbo estaba con Dios, y el Verbo era Dios.

² Él estaba (existía) en el principio con Dios.

³ Todas las cosas fueron hechas por medio de Él, y sin Él nada de lo que ha sido hecho, fue hecho.

⁴ En Él estaba (existía) la vida, y la vida era la Luz de los hombres.

¹⁴ El Verbo (La Palabra) se hizo carne, y habitó entre nosotros, y vimos Su gloria, gloria como del unigénito (único) del Padre, lleno de gracia y de verdad.

8   La fortaleza de conocer a Dios

¹⁵ Juan dio testimonio de Él y clamó: "Este era del que yo decía: 'El que viene después de mí, es antes de mí (tiene un rango más elevado que yo), porque era primero que yo.'"

- En el versículo 15, ¿qué aprendiste del testimonio de Juan acerca del Verbo? A propósito, el texto eventualmente aclara que esta es una referencia a Juan el Bautista, no al apóstol Juan que escribió este evangelio.

¹⁶ Pues de Su plenitud todos hemos recibido, y gracia sobre gracia.

- Lee los versículos 17-18 de nuevo. ¿Cuál es el nombre del Verbo? ¿Cómo se lo describe en el versículo 18?

¹⁷ Porque la Ley fue dada por medio de Moisés; la gracia y la verdad fueron hechas realidad por medio de Jesucristo (Jesús el Mesías).

- ¿Dónde estaba el Verbo en el principio, cuando Dios creó los cielos y la tierra?

¹⁸ Nadie ha visto jamás a Dios; el unigénito Dios, que está en el seno del Padre, Él Lo ha dado a conocer.

- ¿Cómo encaja lo que acabamos de aprender con lo que vimos en Génesis?

Primera Semana

OBSERVA

Ahora veamos lo que Dios el Padre dice acerca del Hijo.

Líder: *Lee Hebreos 1:8-12 lentamente.*
- *Pide al grupo que marque cada referencia al **Hijo** con una cruz. Marca todos los sinónimos y pronombres de la misma forma.*

DISCUTE
- Repasa este pasaje de Hebreos versículo por versículo y discute lo que Dios te dice acerca de Su Hijo.

Hebreos 1:8-12

[8] Pero del Hijo dice: "Tu trono, oh Dios, es por los siglos de los siglos, y cetro de equidad es el cetro de Tu reino.

[9] Has amado la justicia y aborrecido la iniquidad; por lo cual Dios, Tu Dios, Te ha ungido con oleo de alegria mas que a Tus compañeros."

[10] También: "Tu, Señor, en el principio pusiste los cimientos de la tierra, y los cielos son obra de Tus manos;

[11] Ellos perecerán, pero Tu permaneces; y todos ellos como una vestidura se envejecerán,

La fortaleza de conocer a Dios

¹² y como un manto los enrollarás; como una vestidura serán mudados. Pero Tú eres el mismo, y Tus años no tendrán fin."

- ¿Viste algo que te sugiera que el Hijo de Dios fue también un participante de la Creación? Discute esto.

Colosenses 1:13-16

¹³ Porque Él nos libró del dominio (de la autoridad) de las tinieblas y nos trasladó al reino de Su Hijo amado,

¹⁴ en quien tenemos redención: el perdón de los pecados.

OBSERVA

Hay más que necesitamos ver acerca del Hijo de Dios en Colosenses. Verás por qué fuiste creado.

Líder: Lee Colosenses 1:13-16 y pide al grupo que marque...

- *Cada referencia a **Dios**, incluyendo pronombres, con un triángulo.*
- *Cada referencia al hijo amado de Dios, **Jesús**, con una cruz. Observa cuidadosamente los pronombres.*

DISCUTE
- ¿Qué aprendiste al marcar las referencias al Hijo? No te pierdas de nada.

- Observa el versículo 16 de nuevo. ¿Qué relación, o similitud, encuentras aquí con el relato de la creación de Génesis 1?

- ¿Qué puede hacer específicamente el Hijo por la humanidad y sobre qué base?

- Según Colosenses 1:16, ¿por qué fue creado el hombre?

- Si creyeras eso – verdaderamente y de corazón - ¿qué significaría para ti personalmente?

[15] Él es la imagen del Dios invisible, el primogénito de toda creación.

[16] Porque en Él fueron creadas todas las cosas, tanto en los cielos como en la tierra, visibles e invisibles; ya sean tronos o dominios o poderes o autoridades; todo ha sido creado por medio de Él y para Él.

La fortaleza de conocer a Dios

Salmo 90:1-2

¹ Señor, Tú has sido un refugio para nosotros de generación en generación.

² Antes que los montes fueran engendrados, y nacieran la tierra y el mundo, desde la eternidad y hasta la eternidad, Tú eres Dios.

Hebreos 11:1-3, 6

¹ Ahora bien, la fe es la certeza de lo que se espera, la convicción de lo que no se ve.

² Porque por ella recibieron aprobación los antiguos.

³ Por la fe entendemos que el universo fue preparado por la palabra de Dios, de modo que lo que se ve no fue hecho de cosas visibles.

OBSERVA

Como acabas de leer en Colosenses, todas las cosas – tanto en los cielos como en la tierra, visibles e invisibles, sean tronos o dominios, gobernadores y autoridades – fueron creados a través de Jesucristo.

¿De qué fueron creados? ¿Existió algo antes de la creación que Dios utilizó para crear todo lo que Él hizo?

Líder: Lee Salmo 90:1-2 y Hebreos 11:1-3, 6 en voz alta. Pide al grupo que haga lo siguiente:

- *Marque cada referencia a **Dios**, incluyendo pronombres, con un triángulo.*
- *Dibuje un rectángulo alrededor de las palabras **engendrados**, **nacieran**, **preparado**, **hecho**.*
- *Marque la palabra **fe** con una **F**.*

DISCUTE

- ¿Qué aprendiste acerca de Dios del Salmo 90? Esto es importante así que no te pierdas ningún detalle.

- ¿Qué aprendiste al marcar *engendrados, nacieran, preparado* y *hecho* en estos dos pasajes?

- ¿De qué fue hecha la creación? ¿Qué utilizó Dios? ¿Cómo creó todo lo que Él hizo?

- ¿Quién estaba presente en la creación?

- ¿Qué existió antes de la creación?

- ¿Cómo sabes todo esto?

- Describe lo que el texto te dice acerca de la fe y explica cómo se aplica a tu entendimiento del mundo.

⁶ Y sin fe es imposible agradar a Dios. Porque es necesario que el que se acerca a Dios crea que Él existe, y que recompensa a los que Lo buscan.

- ¿A quién le vas a creer si alguien te dice otra cosa?

ACLARACIÓN

Si Dios creó el mundo de la nada, entonces Él es *auto-existente, auto-suficiente*. Para ponerlo de otra manera, Dios es *autónomo*; no hay nada que Él necesite aparte de Sí mismo.

En Éxodo 3:14 Dios le dice a Moisés que Su nombre es YO SOY – YHWH (Yahweh, o Jehová). Viene de la palabra que significa ser o existir. ¡En Él está todo lo que necesitamos! Y si "desde la eternidad hasta la eternidad" Él es Dios (Salmo 90:2), entonces Él es *eterno*.

Romanos 11:36 nos dice "Porque de Él, por Él y para Él son todas las cosas. A Él sea la gloria para siempre. Amén".

Tu Creador es el auto-existente, auto-suficiente, eterno Dios.

OBSERVA

A medida que estudies la Biblia, te sorprenderás cuán a menudo se le recuerda a la humanidad que el Dios eterno es el Creador. Esta verdad la enfatizaron los apóstoles al proclamar el evangelio, para que el pueblo pudiera entender que Dios nos creó para Su propósito (Hechos 4:23-31).

Terminemos nuestro estudio observando el último libro de la Biblia, Apocalipsis.

OBSERVA

Líder: *Lee Apocalipsis 4:2, 9-11 y pide al grupo que...*
- *Marque con un triángulo cada referencia a **Dios**, incluyendo pronombres y sinónimos, como **Uno**.*
- *Subraye cada mención del **trono**.*

DISCUTE
- ¿Qué aprendiste al marcar las referencias a Dios?

Apocalipsis 4:2, 9-11

² Al instante estaba yo en el Espíritu, y vi un trono colocado en el cielo, y a Uno sentado en el trono.

⁹ Y cada vez que los seres vivientes dan gloria, honor, y acción de gracias a Aquél que está sentado en el trono, al que vive por los siglos de los siglos,

¹⁰ los veinticuatro ancianos se postran delante de Aquél que está sentado en el trono, y adoran a Aquél que vive por los siglos de los siglos, y echan sus coronas delante del trono, diciendo:

- Según el versículo 11, ¿por qué existes?

¹¹ "Digno eres, Señor y Dios nuestro, de recibir la gloria y el honor y el poder, porque Tú creaste todas las cosas, y por Tu voluntad existen y fueron creadas."

- ¿Crees que Dios es el Creador? ¿Por qué o por qué no?

- ¿Crees que Dios es realmente digno de recibir gloria, honor y poder? ¿Por qué?

OBSERVA

Veamos un último pasaje que se relaciona con lo que acabas de ver en Apocalipsis 4. Es una descripción de lo que sucede cuando Jesús, el Cordero de Dios, aparece frente al trono de Dios y todas las huestes celestiales alrededor del trono. El versículo 6 describe el Cordero como "de pie, como inmolado", así que esto ocurre después de la muerte, sepultura, resurrección y ascensión al cielo de Jesús.

Líder: Lee Apocalipsis 5:11-13 y pide al grupo que marque…
- *Cada referencia al* **Cordero** *con una cruz.*
- *La referencia a* **Dios**, *descrita aquí como* **Al que está sentado en el trono**, *con un triángulo.*

DISCUTE
- ¿Qué aprendiste al marcar las referencias al Cordero?

Apocalipsis 5:11-13

[11] Y miré, y oí la voz de muchos ángeles alrededor del trono y de los seres vivientes y de los ancianos. El número de ellos era miríadas de miríadas, y millares de millares,

[12] que decían a gran voz: "El Cordero que fue inmolado es digno de recibir el poder, las riquezas, la sabiduría, la fortaleza, el honor, la gloria y la alabanza."

¹³ Y oí decir a toda cosa creada que está en el cielo, sobre la tierra, debajo de la tierra y en el mar, y a todas las cosas que en ellos hay: "Al que está sentado en el trono, y al Cordero, sea la alabanza, la honra, la gloria y el dominio por los siglos de los siglos."

- ¿Qué aprendiste al marcar las referencias a Dios?

- Si realmente crees que Dios y Jesucristo, el Cordero, tendrán dominio (autoridad suprema para gobernar) para siempre, ¿cómo afectará eso tu vida?

- ¿Cómo se vería eso, en la práctica, en tu vida diaria…

  … en la manera en que gastas tu tiempo y tu dinero?

  … en la manera en que te vistes, hablas, te comportas, tratas a los demás, haces tu trabajo?

  … en lo que ves, lees, haces?

FINALIZANDO

A medida que lees la Palabra de Dios, encontrarás a Dios mismo recordando a Su pueblo una y otra vez que Él es el Creador de los cielos y la tierra. Debido a eso, como dice Jeremías "Nada es imposible" para Él (32:17, 27). Nuestro Creador auto-existente, auto-suficiente no necesita nada de nosotros – y ya que fuimos creados para Sus propósitos, nuestro rol es someternos a Él, dándole gloria y honor en cada aspecto de nuestras vidas.

Cuando Job soportó sufrimientos injustos, recibió todo tipo de explicaciones confusas de sus amigos. Job mismo se cuestionó por qué un hombre justo y temeroso de Dios como él puede ser objeto de tal miseria. Finalmente el Señor respondió a Job desde el torbellino,

¿Quién es éste que oscurece el consejo
Con palabras sin conocimiento?
Ciñe ahora tus lomos como un hombre,
Y Yo te preguntaré, y tú Me instruirás.
¿Dónde estabas tú cuando Yo echaba los cimientos de la tierra?
Dímelo, si tienes inteligencia. (Job 38:2-4)

Por dos capítulos Dios bombardeó a Job con preguntas mientras daba explicaciones maravillosas de Su creación. Finalmente, sobrecogido por la verdad, Job respondió,

Yo soy insignificante; ¿qué puedo yo responderte?
Mi mano pongo sobre la boca.

5 Una vez he hablado, y no responderé;
Aun dos veces, y no añadiré más. (Job 40:4-5)

Job se volvió arcilla en las manos del Divino Alfarero, dispuesto a ser formado de la manera en que Dios deseaba.

Tal rendición marcará nuestra actitud también, una vez que realmente conozcamos a nuestro Dios.

Tómense un tiempo, como grupo, para alabar a su Creador, el eterno Dios. Adorar es ver Su valor, inclinarse ante Él, recordar quién es Él, decirle que es digno y someterse a Él.

Y realmente, ¿qué otra respuesta podemos tener, sabiendo que existimos por Él… y para Él?

SEGUNDA SEMANA

Como vimos en nuestra primera lección, Génesis, el libro de los orígenes, nos dice que Dios es el Creador de los cielos y la tierra. Aprendimos que las tres personas de la Trinidad estuvieron presentes en la Creación, incluyendo Dios el Hijo. Todo lo que existe, se nos dice, existe por Él y a través de Él. Él es el primogénito de toda la Creación – Aquel que era antes de todas las cosas. Su nombre es Jesús.

También vimos, en Apocalipsis, que un día toda la creación adorará el Dios que creó todas las cosas. Leímos que el Padre y el Hijo no son solamente dignos de recibir "alabanza, honra y gloria" sino también "dominio por los siglos de los siglos" (Apocalipsis 5:13).

"Dominio por los siglos de los siglos" es otra manera de decir que Dios es soberano sobre todo el universo. ¿Qué significa eso? ¿Cómo se ve eso? ¿Cómo es posible? Esto es lo que exploraremos esta semana a medida que conocemos a nuestro Dios. Seguramente ese conocimiento traerá estabilidad, fuerza y la habilidad de actuar y vivir como nuestro Creador quiere.

OBSERVA

El libro de los Salmos es el libro de oración de la Biblia. Esta recopilación de alabanza, oración, cánticos y el derramamiento del alma del hombre nos da maravillosas observaciones sobre quién es Dios. En este discurso entre el hombre y Dios descubres Sus atributos, Su carácter y Su relación con Su creación. Por tanto aquí es donde comenzaremos.

La fortaleza de conocer a Dios

Salmo 103:19-22

¹⁹ El Señor ha establecido Su trono en los cielos, y Su reino domina sobre todo.

²⁰ Bendigan al Señor, ustedes Sus ángeles, poderosos en fortaleza, que ejecutan Su mandato, obedeciendo la voz de Su palabra.

²¹ Bendigan al Señor, ustedes todos Sus ejércitos, que Le sirven haciendo Su voluntad.

²² Bendigan al Señor, ustedes todas Sus obras, En todos los lugares de Su dominio; bendice, alma mía, al Señor.

Líder: Lee Salmo 103:19-22 en voz alta y pide al grupo que...

- *Marque cada referencia al **Señor**, incluyendo pronombres, con un triángulo.*
- *Dibuje una línea ondulada bajo la palabra **bendigan**.*

Recuerda al grupo decir en voz alta cada palabra o frase a medida que las marcan.

DISCUTE

- Versículo por versículo, discute lo que aprendiste acerca del Señor.

- ¿Qué aprendiste acerca de la soberanía de Dios en el versículo 19? (Este sería un buen versículo para memorizar).

- ¿Quién debe bendecir al Señor?

- ¿Qué aprendiste de aquellos que lo bendicen?

ACLARACIÓN

La raíz de la palabra hebrea *barak* significa "arrodillarse, bendecir". Con respecto a bendecir a Dios, implica atribuir a Dios la alabanza que le corresponde, reconociendo quién es Dios y lo que Él ha hecho, y agradecerle.

- ¿Cómo las acciones de los ángeles y huestes de Dios demuestran la soberanía de Dios, Su dominio?

La fortaleza de conocer a Dios

Isaías 40:12, 21-26

¹² ¿Quién midió las aguas en el hueco de Su mano, y con Su palmo tomó la medida de los cielos, o con un tercio de medida calculó el polvo de la tierra. Quién pesó los montes con la báscula, y las colinas con la balanza?

²¹ ¿No saben? ¿No han oído? ¿No se lo han anunciado desde el principio? ¿No lo han entendido desde la fundación de la tierra?

²² Él es el que está sentado sobre la redondez de la tierra, Cuyos habitantes son como langostas. Él es el que extiende los cielos como una cortina

OBSERVA

Ya que la Biblia es la Palabra de Dios, la escritura nunca contradecirá la escritura; de hecho la escritura es la mejor intérprete de la escritura. Esto significa que, en vez de ver versículos aislados, necesitamos considerar toda la Biblia. Dios quiere que lo entendamos; por tanto, Él revela la verdad de muchas maneras, entrelazando estas verdades muchas veces a lo largo de Su libro. A la luz de esto, exploremos algunos otros versículos que demuestran la soberanía de Dios – Su dominio sobre todo.

Líder: Lee Isaías 40:12 sin marcar nada. Luego lee los versículos 21-26 y pide al grupo que...

- *Marque cada referencia al **Creador**, incluyendo pronombres y sinónimos como **Él** y el **Santo** con un triángulo.*
- *Encierre en un círculo cada referencia de **tiempo**.*

DISCUTE

- Para poder ponerte mejor en el contexto de Isaías 40:21-26, escogimos el versículo 12. ¿Cuál es la respuesta a la pregunta planteada en este versículo?

- Cuidadosamente discute lo que aprendiste de marcar las referencias a Dios. A medida que lo haces, nota las diferentes cosas que están bajo el dominio o soberanía de Dios.

- Según estos versículos, ¿hay alguien o algo igual o superior a Dios?

- ¿Cómo estos versículos, incluyendo el versículo 12, apoyan a Dios como Creador?

y los despliega como una tienda para morar.

[23] Él es el que reduce a la nada a los gobernantes, y hace insignificantes a los jueces de la tierra.

[24] Apenas han sido plantados, apenas han sido sembrados, apenas ha arraigado en la tierra su tallo, cuando Él sopla sobre ellos, se secan, y la tempestad como hojarasca se los lleva.

[25] "¿A quién, pues, ustedes Me harán semejante para que Yo sea su igual?" dice el Santo.

[26] Alcen a lo alto sus ojos y vean quién ha creado estos astros: El que hace salir en

orden a su ejército, y a todos llama por su nombre. Por la grandeza de Su fuerza y la fortaleza de Su poder no falta ni uno.

- Haz una pausa y piensa lo que has aprendido hoy tan solo de estos dos segmentos de la Escritura. ¿Tiene algún valor práctico este conocimiento? Explica tu respuesta.

Daniel 4:30-37

[30] el rey reflexionó, y dijo: "¿No es ésta la gran Babilonia que yo he edificado como residencia real con la fuerza de mi poder y para gloria de mi majestad?"

[31] Aún estaba la palabra en la boca del rey, cuando una voz vino del cielo: "Rey Nabucodonosor, a ti se te declara: El reino te ha sido quitado,

OBSERVA

En el Antiguo Testamento una de las demostraciones más memorables de la soberanía de Dios se encuentra descrita en Daniel 4. El evento ocurre durante el reino de Nabucodonosor, el rey de Babilonia – el gobernante más poderoso del Medio Oriente.

Los primeros versículos de Daniel 4 describen a Nabucodonosor teniendo un sueño perturbador, un sueño que es luego interpretado por Daniel, un israelita tomado cautivo durante el primer sitio a Jerusalén. Daniel explica que el sueño es una advertencia de Dios de lo que le sucederá al rey para que "ponga fin a sus pecados haciendo justicia, y a sus iniquidades mostrando misericordia a los pobres. Quizás sea prolongada su prosperidad". (Daniel 4:27).

Veremos la historia doce meses después, para ver cómo Nabucodonosor respondió a la advertencia.

Líder: Lee Daniel 4:30-37 en voz alta. Pide al grupo que…
- Marque cada referencia a **Nabucodonosor**, el rey, con una **X**. Observa cuidadosamente los pronombres.
- Dibuje un triángulo sobre cada referencia al **Altísimo**, incluyendo pronombres y sinónimos.

DISCUTE
- ¿Qué le dijo Dios que le sucedería a Nabucodonosor?

- Según el versículo 32, ¿qué necesitaba reconocer Nabucodonosor?

[32] y serás echado de entre los hombres, y tu morada estará con las bestias del campo. Te darán hierba para comer como al ganado, y siete años (tiempos) pasarán sobre ti, hasta que reconozcas que el Altísimo domina sobre el reino de los hombres, y que lo da a quien Le place."

[33] En aquel mismo instante se cumplió la palabra acerca de Nabucodonosor: fue echado de entre los hombres, comía hierba como el ganado y su cuerpo se empapó con el rocío del cielo hasta que sus cabellos crecieron como las plumas de las águilas y sus uñas como las de las aves.

³⁴ "Pero al fin de los días, yo, Nabucodonosor, alcé mis ojos al cielo, y recobré mi razón, y bendije al Altísimo y alabé y glorifiqué al que vive para siempre. Porque Su dominio es un dominio eterno, Y Su reino permanece de generación en generación.

³⁵ "Todos los habitantes de la tierra son considerados como nada, mas Él actúa conforme a Su voluntad en el ejército del cielo y entre los habitantes de la tierra. Nadie puede detener Su mano, ni decirle: '¿Qué has hecho?'

- ¿Alguna vez hizo esto el rey? ¿Cómo se refirió a Dios? ¿Con qué nombre llama el rey a Dios?

- ¿Qué sucedió para traer a Nabucodonosor a la sumisión?

- ¿Qué te dice esto acerca de Dios y Su poder?

- ¿Qué aprendió y confesó Nabucodonosor acerca de Dios en los versículos 34-35? No te pierdas ningún detalle.

Segunda Semana — 29

- ¿Dónde se hace la voluntad de Dios, según el versículo 35? Esto es importante notar, porque sabemos por la Palabra de Dios que seres angelicales buenos y malos, incluyendo a Satanás, tienen acceso al cielo.

- ¿Cuál fue la respuesta de Nabucodonosor a Dios en el versículo 37? ¿Qué razón dio para justificar sus acciones?

- ¿Cómo puede afectar tu vida el entender al Dios Altísimo cuando las cosas parecen ponerse difíciles, injustas, sin esperanza o más de lo que puedes soportar?

- ¿Qué hay de las ocasiones en que quieres rebelarte ante Dios, o estás tentado a enorgullecerte de tus logros?

[36] En ese momento recobré mi razón. Y mi majestad y mi esplendor me fueron devueltos para gloria de mi reino, y mis consejeros y mis nobles vinieron a buscarme. Y fui restablecido en mi reino (soberanía), y mayor grandeza me fue añadida.

[37] Ahora yo, Nabucodonosor, alabo, ensalzo y glorifico al Rey del cielo, porque Sus obras son todas verdaderas y justos Sus caminos. El puede humillar a los que caminan con soberbia."

La fortaleza de conocer a Dios

Deuteronomio 32:39

Vean ahora que Yo, Yo soy el Señor, y fuera de Mí no hay dios. Yo hago morir y hago vivir. Yo hiero y Yo sano, y no hay quien pueda librar de Mi mano.

1 Samuel 2:6-10

⁶ El Señor da muerte y da vida; Hace bajar al Seol (región de los muertos) y hace subir.

⁷ El S EÑOR empobrece y enriquece; Humilla y también exalta.

⁸ Levanta del polvo al pobre, del muladar levanta al necesitado para hacerlos sentar con los príncipes, y heredar un sitio de honor; pues las columnas de la tierra son del SEÑOR,

OBSERVA

Veamos algunos versículos que resaltan varias verdades acerca de la abrumadora soberanía del Dios Altísimo.

Líder: Lee los textos uno por uno, comenzando con Deuteronomio 32:39 y terminando con 1 Corintios 10:13. Pide al grupo que…
- *Marque las referencias a **Dios**, incluyendo pronombres y sinónimos, con un triángulo.*
- *Marque las referencias a **Jesús**, incluyendo pronombres, con una cruz.*
- *Subraye cualquier referencia a **personas**, como **quien**, **pobre**, **necesitado**, **príncipes**, etc.*

Después de leer cada pasaje, detente y discute lo que acabas de observar.

ACLARACIÓN

En 1 Samuel 2:6-10, Seol es una referencia a la tumba, a la muerte – no al destino final o al infierno.

No te pierdas lo que el versículo 6 te dice.

DISCUTE

- ¿Qué aprendiste al marcar las referencias a Dios, Jesús y las personas?

- ¿Sobre qué es soberano Dios en cada pasaje?

y sobre ellas ha colocado el mundo.

⁹ El guarda los pies de Sus santos, pero los malvados son acallados en tinieblas,
Pues no por la fuerza ha de prevalecer el hombre.

¹⁰ Los que se oponen al Señor serán quebrantados, Él tronará desde los cielos contra ellos. El Señor juzgará los confines de la tierra, dará fortaleza a Su rey, y ensalzará el poder de Su ungido."

Isaías 45:5-7

⁵ Yo soy el Señor, y no hay ningún otro;
Fuera de Mí no hay Dios. Yo te fortaleceré, aunque no Me has conocido,

⁶ Para que se sepa que desde el nacimiento del sol hasta donde se pone, no hay ninguno fuera de Mí. Yo soy el Señor, y no hay otro.

⁷ Yo soy el que forma la luz y crea las tinieblas, El que causa bienestar y crea calamidades, Yo, el Señor, es el que hace todo esto.

ACLARACIÓN

Este pasaje de Isaías 45 es una profecía acerca de Ciro, rey de Persia, quien no entraría en escena en la historia por otros 150 años. Él es el *te* del versículo 5.

Juan 19:10-11

¹⁰ Pilato entonces Le dijo: "¿A mí no me hablas? ¿No sabes que tengo autoridad para soltarte, y que tengo autoridad para crucificarte?"

¹¹ Jesús respondió: "Ninguna autoridad tendrías sobre Mí si no

se te hubiera dado de arriba; por eso el que Me entregó a ti tiene mayor pecado."

1 Corintios 10:13

No les ha sobrevenido ninguna tentación que no sea común a los hombres. Fiel es Dios, que no permitirá que ustedes sean tentados más allá de lo que pueden soportar, sino que con la tentación proveerá también la vía de escape, a fin de que puedan resistirla.

- Discute cómo Dios puede garantizar lo que Él dice en 1 Corintios 10:13.

Salmo 33:6-15

⁶ Por la palabra del SEÑOR fueron hechos los cielos, y todo su ejército por el aliento de Su boca.

⁷ El junta las aguas del mar como un montón; Pone en almacenes los abismos.

⁸ Tema al Señor toda la tierra; Tiemblen en Su presencia todos los habitantes del mundo.

⁹ Porque El habló, y fue hecho; El mandó, y todo se confirmó.

¹⁰ El SEÑOR hace nulo el consejo de las naciones; Frustra los designios de los pueblos.

OBSERVA

Ya que abrimos el estudio de esta semana en Salmos, regresemos allá antes de terminarlo.

Líder: *Lee Salmo 33:6-15 en voz alta. Pide al grupo que...*
- *Marque cada referencia al **Señor**, incluyendo pronombres, con un triángulo.*
- *Subraye las referencia a las **personas**, como **habitantes**, **naciones**.*

DISCUTE
- ¿Qué aprendiste al marcar las referencias al Señor?

- ¿Qué aprendiste al marcar las referencias a las personas?

• Discute cómo se aplican estos versículos a la gente hoy en día.	11 El consejo del Señor permanece para siempre, los designios de Su corazón de generación en generación.
• ¿Cómo lo que aprendiste hoy puede ayudarte a orar por los demás?	12 Bienaventurada la nación cuyo Dios es el Señor, el pueblo que Él ha escogido como Su herencia.
• Termina tu tiempo hoy bendiciendo al Señor, alabándolo por quién Él es, por lo que has aprendido y por haberte dado la oportunidad de hacer este estudio.	13 El Señor mira desde los cielos; Él ve a todos los hijos de los hombres. 14 Desde el lugar de su morada Él observa a todos los habitantes de la tierra;
• Luego, pídele al Señor, en Su soberanía, que te guíe a alguien que necesita saber lo que has aprendido.	15 Él es el que modela el corazón de cada uno de ellos; Él es el que entiende todas las obras de ellos.

FINALIZANDO

Si tan solo leyeras la Biblia de principio a fin y simplemente pusieras un triángulo en el margen de la página en cada lugar donde aprendas algo acerca de Dios, transformaría tu vida – si guardaras esas verdades en tu corazón.

En el proceso ganarías más y más conocimiento sobre la soberanía de Dios. Y con cada detalle tu fe se fortalecería, a medida que te das cuenta de que la Biblia reafirma una y otra vez que Dios es el gobernante supremo de todo el universo y está en control absoluto. Nada – absolutamente nada – puede suceder sin Su permiso. Sea que lo entendamos o no, el propósito eterno de Dios se cumplirá. Él nos lo dice en Isaías 46:11, "En verdad he hablado y ciertamente haré que suceda; Lo he planeado, así lo haré". Nada que Él ha creado puede detenerlo. Él es más grande y soberano sobre toda la creación.

Que paz inexplicable y seguridad puede traer a tu vida entender el carácter de Aquel que es supremamente soberano.

Continuaremos explorando lo que Dios dice acerca de Sí mismo en las siguientes cuatro semanas. Si crees y actúas con lo que aprendes, descubrirás cuán amado eres de Dios – y con ese conocimiento vendrá una fortaleza y un sentido de paz que nunca antes habías conocido.

TERCERA SEMANA

Muy a menudo juzgamos a Dios – Su persona, Su habilidad, Sus acciones o la falta de ellas – basados en cómo manejaríamos las cosas si nosotros gobernáramos el mundo. Cuando nuestras conversaciones tocan la realidad de un Dios personal a quien tendríamos que rendirle cuentas, muchas veces escuchamos a la gente decir cosas como "Ciertamente si hay un Dios, Él haría _____ " (llena el espacio en blanco). O "Si Dios es Dios, ¿cómo puede Él permitir que estas cosas sucedan?"

Al explorar la Palabra de Dios en las últimas dos lecciones, viste que Dios repetidamente declara que Él es el Creador – "todas las cosas fueron hechas por medio de Él" (Juan 1:3). También viste que el Creador es soberano, rey supremo sobre todo. Nadie puede cuestionar lo que Él hace (Daniel 4:34-35).

Sin embargo las personas cuestionan a Dios, ¿no es así?

¿Podría ser porque en realidad no entiendes lo que hace Dios a Dios? ¿Qué hace que el Altísimo sea diferente y de todas las maneras más grande que el hombre? ¿Más allá de nuestra limitada comprensión?

¿Podría haber un propósito para todo lo que nuestro Dios soberano hace, incluso si no sabemos cuál es? ¿hay un plan divino en acción en este mundo? ¿en nuestras vidas? ¿es posible que Dios realmente sepa lo que está haciendo?

Antes de llevar a Dios ante el tribunal de nuestro limitado entendimiento y golpeemos el martillo gritando "¡culpable!", veamos qué otras cosas Dios nos dice acerca de Sí mismo. ¡Qué paz, seguridad y fortaleza nos traerá!

La fortaleza de conocer a Dios

Isaías 46:8-10

⁸ Acuérdense de esto, y estén confiados (firmes); Pónganlo en su corazón, transgresores.

⁹ Acuérdense de las cosas anteriores ya pasadas, porque Yo soy Dios, y no hay otro; Yo soy Dios, y no hay ninguno como Yo,

¹⁰ Que declaro el fin desde el principio y desde la antigüedad lo que no ha sido hecho. Yo digo: 'Mi propósito será establecido, y todo lo que quiero realizaré.'

OBSERVA

Líder: *Lee Isaías 46:8-10 en voz alta. Pide al grupo que diga en voz alta y marque...*

- *Cada vez que aparezcan las palabras **acuérdense** y **pónganlo en su corazón** con un visto, como este:* ✓
- *Todas las referencias a **Dios**, incluyendo pronombres, con un triángulo:* △

DISCUTE

- ¿Qué aprendiste al marcar las referencias a Dios en estos versículos?

- ¿Cuáles son las implicaciones de estas verdades?

- Si creyeras en esto, ¿cómo afectaría la manera en que vives?

- ¿Qué espera Dios que el lector haga con esta información? (Pista: observa las otras palabras que marcaste).

OBSERVA

¿Qué tan bien te conoce y entiende este Dios de propósitos como individuo? Leamos el Salmo 139 y veamos qué más podemos aprender acerca de Él.

Líder: Lee Salmo 139:1-6 en voz alta. Pide al grupo que diga en voz alta y...
- Marque todas las referencias al **Señor**, incluyendo pronombres, con un triángulo.
- Encierre en un círculo cada pronombre referente al **salmista** – cada *me*, *mi*, *mis*.
- Subraye **conocido**, **conoces**, **conocimiento**.

DISCUTE

- ¿Qué aprendiste acerca de Dios en estos versículos? ¿Cuáles son las cualidades, o habilidades, que Él posee como Dios, como se describe en este pasaje?

- Busca las palabras *conocido*, *conoces* y *conocimiento*. ¿Qué te dice el contexto de cada una de estas palabras sobre Dios?

Salmo 139:1-6

¹ Oh Señor, Tú me has escudriñado y conocido.

² Tú conoces mi sentarme y mi levantarme;
Desde lejos comprendes mis pensamientos.

³ Tú escudriñas mi senda y mi descanso, y conoces bien todos mis caminos.

⁴ Aun antes de que haya palabra en mi boca,
Oh Señor, Tú ya la sabes toda.

⁵ Por detrás y por delante me has cercado,
Y Tu mano pusiste sobre mí.

[6] Tal conocimiento es demasiado maravilloso para mí; Es muy elevado, no lo puedo alcanzar.

- ¿Sabías estas cosas acerca de Dios? ¿Cómo te hace sentir este conocimiento?

ACLARACIÓN

En un esfuerzo por ayudar a la gente a conocer a Dios – a entender los atributos que lo hacen Dios – los teólogos han utilizado varias palabras para describir Sus atributos; entre ellas están los términos *omnisciencia*, *omnipotencia* y *omnipresencia*.

Omni (significa "todo") se combina con tres palabras diferentes. Combinado con *ciencia* (conocimiento), *omni-sciencia* significa que Dios lo conoce todo. No hay nada que Dios no conozca, porque eso violaría Su misma naturaleza de Dios.

Líder: *Haz que el grupo repase los significados de* omnisciencia, omnipotencia *y* omnipresencia *como se describen en el cuadro de aclaración. Luego lee el Salmo 139:1-6 en voz alta de nuevo y pide al grupo que mencione cualquiera de estos atributos mencionados en esos versículos.*

Omnipotencia significa que Dios es todopoderoso. Nadie ni nada es más poderoso que Él.
Su poder es inherente, parte de Su ser como Dios.

Omnipresencia significa que no hay lugar donde Dios no esté presente. Absolutamente nada está fuera del alcance de Dios. Para dejarlo en claro, esto no dice que Él está en todo; eso es "panteísmo", una creencia equivocada de que Dios está en todo – como los árboles, flores, etc. – lo cual es contrario a la Palabra de Dios en su totalidad y contexto.

La fortaleza de conocer a Dios

Salmo 139:7-12

⁷ ¿Adónde me iré de Tu Espíritu, o adónde huiré de Tu presencia?

⁸ Si subo a los cielos, allí estás Tú; Si en el Seol preparo mi lecho, allí Tú estás.

⁹ Si tomo las alas del alba, y si habito en lo más remoto del mar,

¹⁰ Aun allí me guiará Tu mano, y me tomará Tu diestra.

¹¹ Si digo: "Ciertamente las tinieblas me envolverán, y la luz a mi alrededor será noche;"

¹² Ni aun las tinieblas son oscuras para Ti, y la noche brilla como el día. Las tinieblas y la luz son iguales para Ti.

OBSERVA

Líder: Lee Salmo 139:7-12 en voz alta y pide al grupo que...

- *Marque cada referencia a **Dios**, incluyendo pronombres, con un triángulo.*
- *Encierre en un círculo cada pronombre – **me** y **mi**.*

DISCUTE

- ¿Viste alguna evidencia o referencia a los "omnis" de Dios en estos versículos? Si es así, ¿cuáles?

- Has marcado *me* y *mi*. ¿Piensas que esto se aplica a ti? Explica tu respuesta.

- Si es así, ¿cómo te afectaría, como individuo, ser conocido por Dios en todas estas maneras?

OBSERVA

Líder: *Lee Salmo 139:13-18, 23-24 y pide al grupo que…*
- *Marque cada referencia a **Dios**, incluyendo pronombres, con un triángulo.*
- *Encierre en un círculo **mis**, **mi**, **me**.*

DISCUTE
- Una vez más discute todo lo que observas en estos versículos que se refiere a las verdades que has aprendido acerca de Dios hasta ahora en este estudio.

Salmo 139:13-18, 23-24

[13] Porque Tú formaste mis entrañas; Me hiciste en el seno de mi madre.

[14] Te daré gracias, porque asombrosa y maravillosamente he sido hecho; Maravillosas son Tus obras, y mi alma lo sabe muy bien.

[15] No estaba oculto de Ti mi cuerpo, cuando en secreto fui formado, y entretejido en las profundidades de la tierra.

[16] Tus ojos vieron mi embrión, y en Tu libro se escribieron todos los días que me fueron dados, cuando no existía ni uno solo de ellos.

[17] ¡Cuán preciosos también son para mí, oh

Dios, Tus pensamientos! ¡Cuán inmensa es la suma de ellos!

¹⁸ Si los contara, serían más que la arena; Al despertar aún estoy contigo.

²³ Escudríñame, oh Dios, y conoce mi corazón; Pruébame y conoce mis inquietudes.

²⁴ Y ve si hay en mí camino malo, y guíame en el camino eterno.

Mateo 10:29-31

²⁹ ¿No se venden dos pajarillos por una monedita? Y sin embargo, ni uno de ellos caerá a tierra sin permitirlo el Padre.

³⁰ Y hasta los cabellos de la cabeza de ustedes están todos contados.

- ¿Aprendiste algo acerca de ti mismo en estos versículos que realmente toca tu corazón? ¿Alguna verdad que te ayuda a lidiar con algunos asuntos que puedas tener con Dios o con tu vida personal? Si es así, por favor comparte eso con el grupo.

OBSERVA

Ahora veamos más allá del Salmo 139 y leamos otras escrituras que nos ayudan a entender el alcance del conocimiento de Dios, Su omnisciencia.

Líder: *Lee Mateo 10:29-31; Salmo 44:20-21; Jeremías 12:3; Lucas 16:14-15; Hebreos 4:13. Pide al grupo que…*
- *Dibuje un triángulo sobre cada referencia a **Dios el Padre**.*
- *Marque cada referencia a **Jesús** con una cruz.*
- *Marque cada referencia a **corazón**, con un corazón como este:* ♡

DISCUTE
- Discute lo que aprendiste de cada pasaje con respecto a la omnisciencia de Dios y el corazón del hombre.

[31] Así que no teman; ustedes valen más que muchos pajarillos.

Salmo 44:20-21
[20] Si nos hubiéramos olvidado del nombre de nuestro Dios, o extendido nuestras manos a un dios extraño,

[21] ¿No se habría dado cuenta Dios de esto? Pues Él conoce los secretos del corazón.

Jeremías 12:3
Pero Tú me conoces, oh Señor, Tú me ves, y compruebas la actitud de mi corazón para contigo.

Lucas 16:14-15
[14] Los Fariseos, que eran amantes del dinero, oían todas estas cosas y se burlaban de Él.

[15] Y Jesús les dijo: "Ustedes son los que se justifican a sí mismos

46 — La fortaleza de conocer a Dios

ante los hombres, pero Dios conoce sus corazones, porque lo que entre los hombres es de alta estima, abominable es delante de Dios.

Hebreos 4:13

No hay cosa creada oculta a Su vista, sino que todas las cosas están al descubierto y desnudas ante los ojos de Aquél a quien tenemos que dar cuenta.

Proverbios 15:3

En todo lugar están los ojos del Señor, observando a los malos y a los buenos.

2 Crónicas 16:7-9

⁷ En ese tiempo el vidente Hananí vino a Asa, rey de Judá, y le dijo: "Por cuanto te has apoyado en el rey

OBSERVA

Líder: *Lee Proverbios 15:3 y 2 Crónicas 16:7-9. Pide al grupo que…*
- *Dibuje un triángulo sobre cada referencia al **Señor**, incluyendo pronombres.*
- *Dibuje un rectángulo alrededor de la palabra **apoyado**.*
- *Marque **corazón** con un dibujo de corazón.*

DISCUTE
- ¿Qué aprendiste al marcar las referencias al Señor?

• ¿Viste algún otro atributo de Dios en estos versículos, además de Su omnisciencia? Discute las observaciones del grupo.	de Aram y no te has apoyado en el Señor tu Dios, por eso el ejército del rey de Aram ha escapado de tu mano.
• ¿Qué aprendiste al marcar *apoyado*?	[8] ¿No eran los Etíopes y los Libios un ejército numeroso con muchísimos carros y hombres de a caballo?
• ¿Qué aprendiste al marcar *corazón*?	Sin embargo, porque te apoyaste en el Señor, El los entregó en tu mano.
• ¿Qué revela el que Asa se apoyara en el rey de Aram acerca de su corazón? ¿Qué puedes aprender personalmente acerca de esto?	[9] Porque los ojos del Señor recorren toda la tierra para fortalecer a aquéllos cuyo corazón es completamente Suyo. Tú has obrado
• ¿Va esta verdad de 2 Crónicas 16:9a más allá de Asa? ¿Se podría aplicar a ti? Da la razón de tu respuesta.	neciamente en esto. Ciertamente, desde ahora habrá guerras contra ti."
• ¿Cómo el saber esto podría impactar la vida de una persona?	

La fortaleza de conocer a Dios

2 Crónicas 20:5-12

⁵ Entonces Josafat se puso en pie en la asamblea de Judá y de Jerusalén, en la casa del Señor, delante del atrio nuevo,

⁶ y dijo: "Oh Señor, Dios de nuestros padres, ¿no eres Tú Dios en los cielos? ¿Y no gobiernas Tú sobre todos los reinos de las naciones? En Tu mano hay poder y fortaleza y no hay quien pueda resistirte.

⁷ ¿No fuiste Tú, oh Dios nuestro, el que echaste a los habitantes de esta tierra delante de Tu pueblo Israel, y la diste para siempre a la descendencia de Tu amigo Abraham?

OBSERVA

Veamos ahora algunos versículos que demuestran la omnipotencia de Dios. El primer pasaje que examinaremos, 2 Crónicas 20:5-12, registra una porción de la oración del Rey Josafat al Señor cuando este gobernador de Judá oyó que una gran multitud venía contra él para hacer guerra.

Líder: Lee 2 Crónicas 20:5-12.

- *Pide al grupo que diga en voz alta y marque cada referencia a **Dios**, incluyendo pronombres y sinónimos, con un triángulo.*

DISCUTE

- ¿Qué recordó Josafat acerca de las acciones pasadas del Señor?

Tercera Semana   49

- ¿Cómo utilizó este conocimiento?

- ¿Qué lecciones encuentras aquí para nuestras vidas hoy?

⁸ Y han habitado en ella, y allí Te han edificado un santuario a Tu nombre, diciendo:

⁹ 'Si viene mal sobre nosotros, espada, juicio, pestilencia o hambre, nos presentaremos delante de esta casa y delante de Ti (porque Tu nombre está en esta casa), y clamaremos a Ti en nuestra angustia, y Tú oirás y nos salvarás.'

¹⁰ Y ahora, los Amonitas y Moabitas y los del Monte Seir, a quienes no permitiste que Israel invadiera cuando salió de la tierra de Egipto (por lo cual se apartaron de ellos y no los destruyeron),

¹¹ mira cómo nos pagan, viniendo a echarnos de

50 La fortaleza de conocer a Dios

Tu posesión, la que nos diste en heredad.

[12] Oh Dios nuestro, ¿no los juzgarás? Porque no tenemos fuerza alguna delante de esta gran multitud que viene contra nosotros, y no sabemos qué hacer; pero nuestros ojos están vueltos hacia Ti."

A propósito, 2 Crónicas capítulo 20 continúa describiendo cómo Dios maravillosamente salvó al rey y su pueblo. Vale la pena leerlo cuando tengas tiempo. Hay mucho que aprender y aplicar.

Daniel 2:19-23, 27-28

[19] Entonces el misterio fue revelado a Daniel en una visión de noche. Daniel entonces bendijo al Dios del cielo,

[20] y dijo: "Sea el nombre de Dios bendito por los siglos de los siglos, Porque la sabiduría y el poder son de Él.

[21] Él es quien cambia los tiempos y las edades;

OBSERVA

Terminemos con algunas palabras poderosas de adoración del profeta Daniel. Él dijo estas palabras después de que Dios salvó su vida y la de sus amigos al darle a Daniel sabiduría para interpretar un sueño de Nabucodonosor, rey de Babilonia.

Líder: *Lee Daniel 2:19-23, 27-28.*
- *Pide al grupo que diga en voz alta y marque cada referencia a **Dios**, incluyendo pronombres, con un triángulo.*

Tercera Semana | 51

DISCUTE

- ¿Qué aprendiste acerca de Dios de este pasaje? ¿Qué atributos específicos se describen en estos versículos?

- ¿Qué viste a Daniel haciendo en estos versículos? ¿Qué notaste acerca de cómo habla y de Dios?

- ¿Qué has aprendido acerca de la manera práctica de conocer a Dios? ¿Cómo pueden estas verdades ayudarte personalmente con lo que está pasando en tu vida hoy?

Quita reyes y pone reyes. Da sabiduría a los sabios, y conocimiento a los entendidos.

²² Él es quien revela lo profundo y lo escondido. Conoce lo que está en tinieblas, y la luz mora con Él.

²³ A ti, Dios de mis padres, yo doy gracias y alabo, porque me has dado sabiduría y poder, y ahora me has revelado lo que Te habíamos pedido, pues nos has dado a conocer el asunto del rey."

²⁷ Daniel respondió ante el rey, y dijo: "En cuanto al misterio que el rey quiere saber, no hay sabios, encantadores, magos (sacerdotes adivinos) ni adivinos

que puedan declararlo al rey.

[28] Pero hay un Dios en el cielo que revela los misterios, y Él ha dado a conocer al rey Nabucodonosor lo que sucederá al fin de los días. Su sueño y las visiones que usted ha tenido en su cama eran éstos:

- Pasen algún tiempo como grupo alabando a Dios, como lo hizo Daniel, por las verdades específicas que Él te haya enseñado en esta lección.

FINALIZANDO

¿No trae una gran paz y seguridad el saber que Dios conoce todo, que no hay nada que se esconda de Él? ¿que Él es Todopoderoso?

No hay nada que Dios no pueda hacer, porque Él es el Dios de toda carne. Nada es imposible para Él como lo vimos anteriormente. Omnipotente, omnisciente, omnipresente – estos atributos de Dios significan que nunca estás solo y sin ayuda si eres un hijo de Dios.

Puede ser que no entendamos todo lo que Dios permite que pase. La razón de nuestras circunstancias o de los eventos en el mundo pueden ser un misterio para nosotros, pero no para el Dios Todopoderoso. Sabiendo quién es Dios, lo que Él es capaz de hacer y que Él nos ha rodeado con Su presencia desde la concepción hasta la muerte y más allá nos debería traer seguridad y confianza. ¡Qué claro es que nuestros tiempos están en Sus manos! Y si están en Sus manos entonces no necesitamos temerle al hombre.

Escucha lo que Dios dice en Isaías 43:1-3:

Mas ahora, así dice el Señor tu Creador, oh Jacob,
Y el que te formó, oh Israel:
"No temas, porque Yo te he redimido,
Te he llamado por tu nombre; Mío eres tú.
Cuando pases por las aguas, Yo estaré contigo,
Y si por los ríos, no te cubrirán.
Cuando pases por el fuego, no te quemarás,
Ni la llama te abrasará.
Porque Yo soy el Señor tu Dios,
El Santo de Israel, tu Salvador".

CUARTA SEMANA

Hasta ahora en este estudio hemos visto un Dios eterno, Creador de todo, Soberano de los cielos y la tierra. Omnisciente – Él lo sabe todo. Omnipotente – Él es Todopoderoso. Omnipresente – no hay nada que se esconda de Él.

Pero ¿cómo ejerce Su incomparable poder?

Muchos déspotas se han sentado en sus tronos, reinando temerariamente, caprichosamente, incluso inmisericordemente al ejercer su poder de vida y muerte sobre sus súbditos. Algunos comenzaron bien, hicieron grandes promesas, pero luego consumidos por su propia gloria y poder, oprimieron su propia gente bajo el talón de la tiranía.

¿Haría Dios eso? ¿Qué tipo de autoridad es Él? ¿Podemos confiar en Él – o deberíamos correr y escondernos aterrorizados?

Estas son preguntas válidas. Si queremos respuestas válidas en vez de las especulaciones de los seres humanos, entonces debemos buscar en la Biblia para ver qué tipo de autoridad Dios ha demostrado ser.

OBSERVA

Líder: Lee Salmo 89:14 en voz alta. Pide al grupo que marque...
- *Cada referencia a **Dios** – **Tu** y **Ti** – con un triángulo.*
- *La palabra verdad con una **V**.*

Salmo 89:14
La justicia y el derecho son el fundamento de Tu trono; La misericordia y la verdad van delante de Ti.

DISCUTE

- ¿Qué aprendiste acerca de Dios en este versículo?

- ¿Cuál es la base, el fundamento, desde el cual Dios gobierna?

- ¿Qué dos cosas "van delante" de Dios? En otras palabras, ¿qué viene como resultado de Su autoridad?

- Si alguien te preguntara cómo es Dios como persona y todo lo que tienes es este versículo, ¿cómo lo describirías?

- Ahora piensa en lo que acabas de ver. ¿Qué seguridad te da este conocimiento y cómo se aplica de manera práctica en tu vida?

- ¿Puedes confiar en Dios? ¿Cómo lo sabes?

Cuarta Semana — 57

OBSERVA

Ahora leamos el Salmo 89:14 en su contexto para obtener un panorama más claro de las verdades que acabamos de ver.

Líder: Lee Salmo 89:5-14 en voz alta.
- *Una vez más, pide al grupo que marque cada referencia al **Señor**, incluyendo pronombres, con un triángulo.*

DISCUTE
- ¿Qué aprendiste acerca de Dios en estos versículos?

- ¿Qué palabras se utilizan para describir a Dios?

- Hemos cubierto esto antes, pero para estar seguros de que no te lo pierdes, ¿cuál es la base de la autoridad de Dios? (Observa otra vez el versículo 11 si necesitas un recordatorio).

Salmo 89:5-14

[5] Los cielos alabarán Tus maravillas, Señor, y también Tu fidelidad en la asamblea de los santos.

[6] Porque, ¿quién en el firmamento se puede comparar al Señor? ¿Quién entre los hijos de los poderosos es como el Señor,

[7] Dios es muy temido en el consejo de los santos, E imponente sobre todos los que están en Su derredor?

[8] Oh Señor, Dios de los ejércitos, ¿quién como Tú, poderoso Señor? Tu fidelidad también Te rodea.

[9] Tú dominas la soberbia del mar; Cuando sus olas se levantan, Tú las calmas.

¹⁰ Tú aplastaste a Egipto como a uno herido de muerte; Esparciste a Tus enemigos con Tu brazo poderoso.

¹¹ Tuyos son los cielos, Tuya también la tierra; El mundo y todo lo que en él hay, Tú lo fundaste.

¹² El norte y el sur, Tú los creaste; El Tabor y el Hermón aclamarán con gozo a Tu nombre.

¹³ Tú tienes un brazo fuerte; Tu mano es poderosa, Tu diestra es exaltada.

¹⁴ La justicia y el derecho son el fundamento de Tu trono; La misericordia y la verdad van delante de Ti.

ACLARACIÓN

Los tres atributos de Dios en los que nos queremos enfocar en este punto son la *justicia*, el *derecho* y la *verdad*.

Ya que las palabras implican pensamientos y dan información, es importante entender lo que significan.

Justicia se refiere a lo que es correcto, no según el hombre sino según lo que Dios dice que es correcto.

Dios mismo determina lo que es bueno y malo. La justicia no es relativa. Es un estándar que no cambia y está de acuerdo con la Palabra de verdad, la Palabra de Dios.

Derecho está íntimamente conectado con la justicia; no puedes separarlos. La justicia se refiere a la equidad, lo que es justo, lo que es correcto.

El *fundamento* del trono de Dios es la justicia y el derecho porque Dios es justo y recto. Dios nunca puede actuar afuera de lo que Él es. Por esa razón la misericordia y la verdad van delante de Dios.

> La *misericordia*, o *hesed* en hebreo, habla de la gracia y el favor de Dios, que examinaremos en profundidad en la lección de la próxima semana.
>
> La *verdad* significa la absoluta veracidad de Dios. En 2 Samuel 7:28, David declara "Tu eres Dios, Tus palabras son verdad". Si Dios no fuera verdad, Él no podría ser justo y recto.

OBSERVA

Hacia el final de la vida de Moisés, cuando tenía 120 años de edad, Moisés instruyó que el libro de la ley debía ser leído por completo al pueblo de Israel – "Congrega al pueblo, hombres, mujeres y niños y al extranjero que está en tu ciudad, para que escuchen, aprendan a temer al Señor tu Dios y cuiden de observar todas las palabras de esta ley" (Deuteronomio 31:12).

La enseñanza del pueblo incluía un cántico que serviría como testimonio de Dios. Veamos cómo se describe a Dios al comienzo del cántico.

Deuteronomio 32:3-4

³ Porque yo proclamo el nombre del Señor; Atribuyan grandeza a nuestro Dios.

⁴ ¡La Roca! Su obra es perfecta, porque todos Sus caminos son justos; Dios de fidelidad y sin injusticia, justo y recto es Él.

Líder: *Lee Deuteronomio 32:3-4 en voz alta.*

- *Pide al grupo que dibuje un triángulo sobre cada referencia a **Dios**, incluyendo sinónimos y pronombres.*

DISCUTE

- ¿Qué aprendiste de Moisés acerca de Dios?

- Según estos dos versículos, ¿qué atributos morales de Dios se debían recordar en este cántico?

- ¿Cómo se compara esto con lo que acabas de ver en el Salmo 89:14?

Salmo 111:7

Las Obras de Sus Manos son Verdad y Justicia, fieles Todos Sus Preceptos.

OBSERVA

Hemos visto que la justicia y el derecho son el fundamento del trono de Dios y la verdad va delante de Dios. Veamos algunos versículos que describen la justicia de Dios.

Líder: *Lee en voz alta Salmo 111:7; Deuteronomio 10:17-18; Isaías 30:18; Romanos 9:14; Génesis 18:25 y Miqueas 6:8. Pide al grupo que haga lo siguiente:*
- *Dibuje un triángulo sobre las referencias a* **Dios**.
- *Marque la palabra* ***justicia*** *con una* **J**.
- *Marque* ***injusticia*** *de la misma manera, pero con una línea inclinada encima:* **J̸**
- *Marque con una* **V** *sobre la palabra* ***verdad***.

DISCUTE
- ¿Qué aprendiste al marcar *justicia*?

Deuteronomio 10:17-18

[17] Porque el Señor su Dios es Dios de dioses y Señor de señores, Dios grande, poderoso y temible que no hace acepción de personas ni acepta soborno.

[18] Él hace justicia al huérfano y a la viuda, y muestra Su amor al extranjero dándole pan y vestido.

Isaías 30:18

Por tanto, el Señor desea tener piedad de ustedes, y por eso se levantará para tener compasión de ustedes.
Porque el Señor es un Dios de justicia;
¡Cuán bienaventurados son todos los que en Él esperan!

Romanos 9:14

¿Qué diremos entonces? ¿Que hay injusticia en Dios? ¡De ningún modo!

Génesis 18:25

Lejos de Ti hacer tal cosa: matar al justo con el impío, de modo que el justo y el impío sean tratados de la misma manera. ¡Lejos de Ti! El Juez de toda la tierra, ¿no hará justicia?"

Miqueas 6:8

Él te ha declarado, oh hombre, lo que es bueno. ¿Y qué es lo que demanda el Señor de ti, sino sólo practicar la justicia (el derecho), amar la misericordia (lealtad), y andar humildemente con tu Dios?

- ¿De qué maneras vemos la justicia de Dios revelada en estos versículos?

- Sabiendo esto de Dios, ¿qué crees que Dios esperaría de Sus hijos cuando se trata de justicia?

- ¿Cómo impactan estos versículos tu confianza en Dios?

OBSERVA

Veamos algunos versículos que mencionan específicamente la justicia de Dios y responde a la pregunta "Si Dios permite que pasemos dificultades, ¿lo hace esto justo?"

Líder: *Lee Salmo 71:18-20; 145:17-20 y 119:142 lenta y cuidadosamente. Pide al grupo que...*
- *Dibuje un triángulo sobre las referencias a* **Dios**, *incluyendo sinónimos y pronombres.*
- *Marque las palabras* **justicia** *y* **justo** *con una* **J**.
- *Marque la palabra* **verdad** *con una* **V**.
- *Dibuje una línea ondulada como esta* ᗡᗡᗡ *bajo las referencias a* **dificultades** *y* **destrucción**.

DISCUTE
- ¿Qué aprendiste al marcar las referencias a Dios?

Salmo 71:18-20

[18] Y aun en la vejez y las canas, no me desampares, oh Dios, Hasta que anuncie Tu poder a esta generación, Tu poderío a todos los que han de venir.

[19] Porque Tu justicia, oh Dios, alcanza hasta los cielos, Tú que has hecho grandes cosas; Oh Dios, ¿quién como Tú?

[20] Tú que me has hecho ver muchas angustias y aflicciones, me volverás a dar vida, y me levantarás de nuevo de las profundidades de la tierra.

Salmo 145:17-20

[17] Justo es el Señor en todos Sus caminos, Y bondadoso en todos Sus hechos.

¹⁸ El Señor está cerca de todos los que Lo invocan, de todos los que Lo invocan en verdad.

¹⁹ Cumplirá el deseo de los que Le temen, También escuchará su clamor y los salvará.

²⁰ El Señor guarda a todos los que Lo aman, Pero a todos los impíos destruirá.

Salmo 119:142

Tu justicia es justicia eterna, y Tu ley verdad.

- Enfoquémonos en Su justicia. ¿Qué aprendiste al marcar las palabras *justo* y *justicia*?

- ¿Cómo ves la justicia de Dios manifestada en el Salmo 145:19-20 con respecto a aquellos que temen a Dios – los que le dan honor, lo respetan – y los impíos, quienes no lo hacen?

- ¿Las dificultades, la muerte o destrucción alteran o anulan la justicia de Dios? Explica tu respuesta.

- ¿Por cuánto tiempo será Dios justo? Discute los beneficios de saber esto.

Cuarta Semana | **65**

OBSERVA

Veamos dos pasajes en el libro de Apocalipsis que muestran otro aspecto de la justicia del trono de Dios. Estos eventos, que hablan del juicio de Dios, todavía están por ocurrir.

Líder: Lee Apocalipsis 15:1-4 y 16:4-7 en voz alta y pide al grupo que haga lo siguiente:
- *Dibuje un triángulo sobre las referencias al Señor **Dios**, incluyendo sinónimos y pronombres.*
- *Marque con una **J** la palabra **justos**.*
- *Marque con una **V** la palabra **verdaderos**.*
- *Marque **plagas**, **furor** o cualquier otra referencia al **juicio de Dios** con un relámpago como este:* ⚡

DISCUTE

- ¿Qué aprendiste acerca del Señor Dios de estos versículos?

Apocalipsis 15:1-4

¹ Entonces vi otra señal en el cielo, grande y maravillosa: siete ángeles que tenían siete plagas, las últimas, porque en ellas se ha consumado (se ha completado) el furor de Dios.

² Vi también como un mar de cristal mezclado con fuego, y a los que habían salido victoriosos sobre la bestia, sobre su imagen y sobre el número de su nombre, en pie sobre el mar de cristal, con arpas de Dios.

³ Y cantaban el cántico de Moisés, siervo de Dios, y el cántico del Cordero, diciendo: "¡Grandes y maravillosas

son Tus obras, oh Señor Dios, Todopoderoso! ¡Justos y verdaderos son Tus caminos, oh Rey de las naciones!

⁴ ¡Oh Señor! ¿Quién no temerá y glorificará Tu nombre? Pues sólo Tú eres santo; Porque todas las naciones vendrán y adorarán en Tu presencia, pues Tus justos juicios han sido revelados."

Apocalipsis 16:4-7

⁴ El tercer ángel derramó su copa en los ríos y en las fuentes de las aguas, y se convirtieron en sangre.

⁵ Oí al ángel de las aguas, que decía: "Justo eres Tú, el que eres, y el que eras, oh Santo, porque has juzgado estas cosas;

- ¿Cómo se manifiesta la justicia de Dios en estos versículos?

- ¿Ves alguna conexión entre la justicia de Dios y Sus juicios?

- ¿Piensas que la gente espera esto de Dios? ¿por qué o por qué no?

- Según la Palabra de Dios, ¿es el juicio de Dios correcto o equivocado?

⁶ pues ellos derramaron sangre de santos y profetas y Tú les has dado a beber sangre. Se lo merecen."

⁷ También oí al altar, que decía: "Sí, oh Señor Dios Todopoderoso, verdaderos y justos son Tus juicios."

OBSERVA

Como vimos en la primera lección de este estudio, hay tres personas en la Trinidad: el Padre, el Hijo y el Espíritu. Todos estuvieron presentes en la creación del hombre. Veamos lo que la Palabra de Dios dice acerca de la veracidad del Hijo y del Espíritu.

Isaías 65:16

Porque el que es bendecido en la tierra, será bendecido por el Dios de la verdad; Y el que jura en la tierra, jurará por el Dios de la verdad, porque han sido olvidadas las angustias primeras, y porque están ocultas a Mis ojos.

Juan 1:14

El Verbo (La Palabra) se hizo carne, y habitó entre nosotros, y vimos Su gloria, gloria como del unigénito (único) del Padre, lleno de gracia y de verdad.

Juan 14:6

Jesús le dijo: "Yo soy el camino, la verdad y la vida; nadie viene al Padre sino por Mí.

Juan 17:15-17

[15] No Te ruego que los saques del mundo, sino que los guardes del (poder del) maligno (del mal).

[16] Ellos no son del mundo, como tampoco Yo soy del mundo.

Líder: *Lee Isaías 65:16; Juan 1:14; 14:6; 17:15-17 y 16:13. Pide al grupo que...*

- *Dibuje un triángulo sobre las referencias a **Dios el Padre**, incluyendo pronombres.*
- *Marque las referencias a **Jesús**, incluyendo sinónimos y pronombres, con una cruz.*
- *Dibuje una nube como esta sobre cada referencia al **Espíritu**, incluyendo pronombres.*
- *Marque con una **V** sobre la palabra **verdad**.*

DISCUTE

- ¿Qué enseñan estos versículos acerca del Padre, el Hijo y el Espíritu Santo con respecto a la verdad?

Cuarta Semana | 69

ACLARACIÓN

La verdad se encuentra en Dios. Dios es verdad. A esto se refiere la *veracidad* de Dios.

Juan 17:17

17 Santifícalos en la verdad; Tu palabra es verdad.

Juan 16:13

Pero cuando Él, el Espíritu de verdad venga, los guiará a toda la verdad, porque no hablará por Su propia cuenta, sino que hablará todo lo que oiga, y les hará saber lo que habrá de venir.

- De lo que ves en estos versículos, ¿qué tan esencial es la verdad para el carácter de Dios? Explica tu respuesta.

- ¿Qué significa la veracidad de Dios para ti en la práctica? ¿Cómo puede impactar tu vida? ¿protegerte? ¿dirigirte?

La fortaleza de conocer a Dios

OBSERVA

Los pasajes que hemos estado estudiando fueron escritos hace miles de años. ¿Todavía son verdad, dado que las cosas han cambiado grandemente en nuestro mundo, en nuestros tiempos? ¿Ha cambiado Dios, o lo hará? Veamos lo que Dios dice.

Líder: Lee Salmo 119:89-91; 102:25-27; 33:11 y Hebreos 13:7-8. Pide al grupo que…
- *Marque las referencias al **Señor**, incluyendo pronombres, con un triángulo.*
- *Marque las referencias a **Jesús**, incluyendo sinónimos y pronombres, con una cruz.*
- *Encierre en un círculo las referencias de tiempo, como **todas las generaciones**, **hasta hoy**, etc.*
- *Subraye las expresiones de **tiempo**.*

DISCUTE

- Observando los tres primeros pasajes uno a la vez, discute lo que el grupo aprendió acerca del Señor a partir del texto y las frases de tiempo. A medida que lo haces, nota el contexto de estas verdades acerca de Dios.

Salmo 119:89-91

89 Para siempre, oh Señor, Tu palabra está firme en los cielos.

90 Tu fidelidad permanece por todas las generaciones; Tú estableciste la tierra, y ella permanece.

91 Por Tus ordenanzas permanecen hasta hoy, Pues todas las cosas Te sirven.

Salmo 102:25-27

25 Desde la antigüedad Tú fundaste la tierra, y los cielos son la obra de Tus manos.

26 Ellos perecerán, pero Tú permaneces. Todos ellos como una vestidura se desgastarán, como vestido los

Cuarta Semana

- ¿Se puede confiar en la Palabra de Dios? Si es así, ¿por cuánto tiempo? ¿Cómo lo sabes? ¿Qué has aprendido que te da la respuesta a estas preguntas?

cambiarás, y serán cambiados.

²⁷ Pero Tú eres el mismo, y Tus años no tendrán fin.

Salmo 33:11

El consejo del Señor permanece para siempre, los designios de Su corazón de generación en generación.

Hebreos 13:7-8

- ¿Qué aprendiste acerca de Jesucristo en Hebreos 13? Discute lo que observaste al marcar la frase relacionada de tiempo.

⁷ Acuérdense de sus guías que les hablaron la palabra de Dios, y considerando el resultado de su conducta, imiten su fe.

⁸ Jesucristo es el mismo ayer y hoy y por los siglos.

- La naturaleza que no cambia de Dios se conoce como su *inmutabilidad*. (Ver el cuadro de Aclaración). ¿Cómo te puede ayudar de manera práctica el conocer este atributo de Dios?

ACLARACIÓN

Dios es *inmutable*. Esto significa que Dios es siempre el mismo en Su naturaleza, Su carácter y Su voluntad. Él nunca cambia, y nunca se puede lograr que cambie. Y porque la Biblia es la Palabra de Dios, nunca cambiará. La inmutabilidad es un atributo de Dios que te asegura que puedes confiar en Él por los siglos de los siglos.

- Si es posible, pasa un tiempo como grupo agradeciendo a Dios por lo que has aprendido acerca de Él esta semana de estudio. Recuerda que Dios habita entre las alabanzas de Su pueblo. (Salmo 22:3).

FINALIZANDO

¿Estás maravillado con Dios? ¿Sobrecogido con todo lo que estás aprendiendo acerca de Él? Es realmente diferente cuando permites que Dios hable por Sí mismo, cuando escuchas Su Palabra directamente en vez de escuchar la opinión de los demás. Ayuda a conocer lo que Dios dice para que puedas medir lo que el hombre dice y compáralo con la plomada de Su Palabra.

La pregunta entonces es, ¿a quién le vas a creer? ¿Qué dirigirá y ordenará tu vida, tus pensamientos, tu comportamiento, tu actitud?

Has visto varios versículos de diferentes libros de la Biblia para ver que Dios es justo en todos Sus caminos. El derecho y la justicia son el fundamento de Su trono; por tanto todo lo que nuestro Dios soberano hace es recto y justo. La misericordia y la verdad van delante de Él.

Si llegas a conocer Su Palabra y ves a Dios en acción y escuchas genuinamente lo que Él dice, entonces podrás distinguir el bien del mal, la verdad de la mentira y saber cómo debes vivir. Ganarás fortaleza y coraje – coraje para confiar en Dios, para obedecerle sin importar las circunstancias.

Con ello vendrá una paz interior que no puedes encontrar en ningún otro lado. Se la encuentra tan solo conociendo a Dios, en la seguridad de su absoluta veracidad y Su inmutabilidad. Porque el Señor Dios nunca cambiará, puedes apostar todo por Él.

Pero, podrías preguntar, ¿qué piensa Dios de mí? Él es omnipresente y omnisciente, yo sé que Él sabe todo de mí; ¿hará esto una diferencia en la manera en que me trata?

Recuerda Su misericordia – Su gracia, Su favor está siempre delante de Él yendo hacia ti. Eso es lo que exploraremos en nuestra próxima lección – una lección que no querrás perderte.

Hasta entonces, tómate el tiempo para agradecerle a Dios todos los días por algo que hayas aprendido acerca de Él en estas cuatro lecciones. Querrás también mantener un diario, incluso registrando una o dos líneas cada día acerca de cómo estas verdades de Dios están guiando tus decisiones, dirección, relaciones y bienestar general.

QUINTA SEMANA

Hemos aprendido mucho acerca del carácter y los caminos de Dios en las cuatro lecciones anteriores. Hemos visto que Él es el auto-existente, auto-suficiente Creador. Él es recto, justo, todopoderoso, omnisciente y omnipresente Soberano que gobierna sobre todo. Un Dios de verdad que nunca cambia.

Al profundizar en Su Palabra, también hemos visto Su ira – ¡un aspecto de Dios que no les gusta a muchos y otros dudan! A la luz de esto, queremos saber si este grande y asombroso Dios Soberano nos ama. Y si no es así, qué podemos hacer para que nos ame – especialmente cuando Él sabe la verdad de cómo somos.

En esta lección exploraremos lo que Dios nos dice acerca de Su amor.

Prepárate para experimentar Su carácter de manera que capture tu corazón. De hecho, hagan una pausa como grupo y pídanle a Dios que se revele a Sí mismo – para mostrarles a cada uno de ustedes la posición que tienen con Él.

OBSERVA

Aquellos que no han estudiado la Palabra de Dios por sí mismos a menudo piensan que el Dios del Antiguo Testamento es diferente del Dios del Nuevo Testamento. El Dios del Antiguo Testamento parece una deidad enojada, con ira que de alguna manera disminuye en el tiempo de Jesús de manera que se vuelve más compasivo y amoroso. A estas alturas tu sabes que eso no puede ser verdad, porque has visto que Dios es inmutable. Él nunca cambia.

Así que veamos por nosotros mismos qué lugar tiene el amor en la naturaleza de Dios comenzando con el encuentro entre Dios y Moisés, en el cual el Señor respondió el pedido de Moisés de "muéstrame Tu gloria" (Éxodo 33:18).

Éxodo 34:6-7

⁶ Entonces pasó el Señor por delante de él y proclamó: "El Señor, el Señor, Dios compasivo y clemente, lento para la ira y abundante en misericordia y verdad (fidelidad);

7 que guarda misericordia a millares, el que perdona la iniquidad, la transgresión y el pecado, y que no tendrá por inocente al culpable; que castiga la iniquidad de los padres sobre los hijos y sobre los hijos de los hijos hasta la tercera y cuarta generación."

Líder: *Lee Éxodo 34:6-7. Pide al grupo que...*
- *Dibuje un triángulo sobre las referencias al **Señor**, incluyendo pronombres:* △
- *Marque la palabra **misericordia** con un corazón, como este:* ♡

DISCUTE
- ¿Cómo es Dios descrito en estos versículos? No te pierdas nada de lo que Él te dice acerca de Sí mismo en este relato donde Él se revela a Moisés.

- ¿Qué aprendiste al marcar *misericordia*?

ACLARACIÓN

Misericordia, la traducción de la palabra hebrea *hesed*, habla de gracia y favor. *Hesed* se utiliza a menudo con respecto a la relación de pacto entre Dios e Israel.

OBSERVA

En los siguientes versículos, leemos lo que Moisés dijo a los hijos de Israel cuando se preparaban para entrar en la tierra que Dios les había prometido como posesión perpetua. A propósito, habían estado errantes en el desierto por cuarenta años porque no confiaban en Dios ¡incluso después de que Él los liberó de la esclavitud de Egipto!

Líder: Lee Deuteronomio 7:6-10. Pide al grupo que...
- *Ponga un triángulo sobre cada referencia al **Señor**, incluyendo pronombres.*
- *Marque las palabras **misericordia** y **amor** con un corazón.*

DISCUTE
- ¿Qué aprendiste al marcar *amor* y *misericordia*?

Deuteronomio 7:6-10

[6] Porque tú eres pueblo santo para el Señor tu Dios; el Señor tu Dios te ha escogido para ser pueblo Suyo de entre todos los pueblos que están sobre la superficie de la tierra.

[7] El Señor no puso Su amor en ustedes ni los escogió por ser ustedes más numerosos que otro pueblo, pues eran el más pequeño de todos los pueblos;

[8] mas porque el Señor los amó y guardó el juramento que hizo a sus padres (antepasados), el Señor los sacó con mano fuerte y los redimió de casa de servidumbre (de esclavos), de la mano de Faraón, rey de Egipto.

⁹ Reconoce, pues, que el Señor tu Dios es Dios, el Dios fiel, que guarda Su pacto y Su misericordia hasta mil generaciones con aquéllos que Lo aman y guardan Sus mandamientos;

¹⁰ pero al que Lo odia, le da el pago en su misma cara, destruyéndolo; y no se tarda en castigar al que Lo odia, en su misma cara le dará el pago.

- ¿Qué contraste se hace entre los versículos 9 y 10?

- ¿Qué aprendiste acerca de Dios en los versículos 9-10?

- ¿Es esto justo? ¿Por qué o por qué no?

- ¿Cómo las verdades en este pasaje se alinean con lo que has aprendido acerca de Dios en las cuatro lecciones anteriores?

OBSERVA

Hemos visto la declaración de Dios de Su amor por Israel. ¿Cuánto durará? Este es un pueblo obstinado y rebelde – un hecho que verás por ti mismo cuando leas el Antiguo Testamento. Los siguientes versículos hablan de la restauración de Israel después del juicio por sus pecados.

Líder: Lee Jeremías 31:1-3 y Miqueas 7:18. Pide al grupo que...
- *Encierre en un círculo cada referencia a* **las familias**, **el pueblo de Israel**.
- *Ponga un triángulo sobre las referencias al* **Señor**.
- *Dibuje un corazón sobre las referencias a* **amor y misericordia**.

DISCUTE

- ¿Qué aprendiste del texto acerca de la relación de Dios con Su pueblo elegido?

- ¿Cuánto tiempo durará Su amor? ¿Por qué?

Jeremías 31:1-3

[1] "En aquel tiempo," declara el Señor. "Yo seré el Dios de todas las familias de Israel, y ellos serán Mi pueblo."

[2] Así dice el Señor: "Ha hallado gracia en el desierto el pueblo que escapó (sobrevivió) de la espada: Israel, cuando iba en busca de su reposo."

[3] Desde lejos el Señor se le apareció, y le dijo: "Con amor eterno te he amado, por eso te he sacado con misericordia.

Miqueas 7:18

¿Qué Dios hay como Tú, que perdona la iniquidad y pasa por alto la rebeldía del remanente de su heredad?

No persistirá en Su ira para siempre, porque se complace en la misericordia.

• En contraste, ¿cuánto tiempo durará Su ira?

1 Juan 4:9-10, 16, 19

⁹ En esto se manifestó el amor de Dios en nosotros: en que Dios ha enviado a Su Hijo unigénito (único) al mundo para que vivamos por medio de Él.

¹⁰ En esto consiste el amor: no en que nosotros hayamos amado a Dios, sino en que Él nos amó a nosotros y envió a Su Hijo como propiciación por nuestros pecados.

¹⁶ Y nosotros hemos llegado a conocer y hemos creído el amor que Dios tiene para

OBSERVA

Veamos algunos pasajes del Antiguo Testamento que revelan aún más la naturaleza del amor de Dios.

Líder: Lee 1 Juan 4:9-10, 16, 19 y Juan 3:16-17, 35-36 en voz alta. Pide al grupo que haga lo siguiente:

- *Marque las referencias a **Dios** con un triángulo.*
- *Marque las referencias al **Hijo, Jesucristo**, con una cruz. ¡No te pierdas ningún pronombre!*
- *Dibuje un corazón sobre la palabra **amor** o **amado**.*
- *Marque la palabra **ira** con una **I**.*

DISCUTE

• ¿Qué aprendiste al marcar *Dios*?

- ¿Qué aprendiste al marcar las referencias al Hijo de Dios, Jesucristo?

nosotros. Dios es amor, y el que permanece en amor permanece en Dios y Dios permanece en él.

- Según estos versículos, ¿cómo puedes saber que Dios te ama?

¹⁹ Nosotros amamos porque El nos amó primero.

Juan 3:16-17, 35-36

¹⁶ "Porque de tal manera amó Dios al mundo, que dio a Su Hijo unigénito (único), para que todo aquél que cree en Él, no se pierda, sino que tenga vida eterna.

- ¿Qué les sucede a los que creen en Jesús?

¹⁷ Porque Dios no envió a Su Hijo al mundo para juzgar al mundo, sino para que el mundo sea salvo por Él.

- ¿Qué sucede con los que no le obedecen – los que no creen que Él es el Hijo de Dios quien murió para que nosotros no perezcamos?

³⁵ El Padre ama al Hijo y ha entregado todas las cosas en Su mano.

[36] El que cree en el Hijo tiene vida eterna; pero el que no obedece al Hijo no verá la vida, sino que la ira de Dios permanece sobre él."

Efesios 2:4-5

[4] Pero Dios, que es rico en misericordia, por causa del gran amor con que nos amó,

[5] aun cuando estábamos muertos en nuestros delitos, nos dio vida juntamente con Cristo (por gracia ustedes han sido salvados).

Romanos 5:6-10

[6] Porque mientras aún éramos débiles, a su tiempo Cristo murió por los impíos.

[7] Porque difícilmente habrá alguien que muera

- ¿Es justo que Dios haga esto? Explica tu respuesta.

OBSERVA

Los que no conocen o estudian la Palabra de Dios creen que Dios no puede amarlos hasta que enderecen sus vidas, hasta que se limpien, por ponerlo de una manera. Veamos lo que Dios dice.

Líder: *Lee Efesios 2:4-5 y Romanos 5:6-10 en voz alta. Pide al grupo que…*
- *Encierre en un círculo las referencias al **pueblo** y cómo es descrito, incluyendo pronombres.*
- *Ponga un triángulo sobre **Dios**.*
- *Ponga una cruz sobre cada referencia a **Cristo**.*
- *Marque **ira** con una **I**.*

DISCUTE
- ¿Qué hicieron Dios y Jesús para mostrar Su amor por nosotros?

- ¿Cuál era nuestra condición cuando Dios hizo esto?

- ¿Qué revela esto sobre Dios?

- Así que, ¿la gente tiene que enderezar sus vidas para que Dios las ame? ¿cómo lo sabes?

por un justo, aunque tal vez alguno se atreva a morir por el bueno.

[8] Pero Dios demuestra su amor para con nosotros, en que siendo aún pecadores, Cristo murió por nosotros.

[9] Entonces mucho más, habiendo sido ahora justificados por Su sangre, seremos salvos de la ira de Dios por medio de Él.

[10] Porque si cuando éramos enemigos fuimos reconciliados con Dios por la muerte de Su Hijo, mucho más, habiendo sido reconciliados, seremos salvos por Su vida.

84 La fortaleza de conocer a Dios

Romanos 8:31-32, 35, 37-39

31 Entonces, ¿qué diremos a esto? Si Dios está por nosotros, ¿quién estará contra nosotros?

32 El que no negó ni a Su propio Hijo, sino que Lo entregó por todos nosotros, ¿cómo no nos dará también junto con Él todas las cosas?

35 ¿Quién nos separará del amor de Cristo? ¿Tribulación, o angustia, o persecución, o hambre, o desnudez, o peligro, o espada?

37 Pero en todas estas cosas somos más que vencedores por medio de Aquél que nos amó.

38 Porque estoy convencido de que ni

OBSERVA

Algunas veces cuando los cristianos pasan por pruebas y dificultades, o las cosas no salen bien, piensan que Dios no los ama. ¿Es esto verdad? ¿Pueden aquellos que creen en Jesús – aquellos que Lo reciben como su Señor y Dios – esperar que la vida estará libre de problemas?

Líder: *Lee Romanos 8:31-32, 35, 37-39 en voz alta. Pide al grupo que haga lo siguiente:*

- *Marque cada referencia a **Dios** con un triángulo.*
- *Ponga una cruz sobre cada referencia a **Jesucristo, el Hijo de Dios**.*
- *Encierre en un círculo cada referencia a los **creyentes**, incluyendo los pronombres **nosotros** y **nos**.*
- *Dibuje un corazón sobre las palabras **amor** y **amado**.*

DISCUTE

- ¿Qué aprendiste al marcar las referencias a los que pertenecen a Cristo?

- ¿Qué es verdad para todos los creyentes, sin importar sus circunstancias?

- ¿Cómo podría el conocer la verdad de estos versículos ayudarte en tus dificultades?

la muerte, ni la vida, ni ángeles, ni principados, ni lo presente, ni lo por venir, ni los poderes,

³⁹ ni lo alto, ni lo profundo, ni ninguna otra cosa creada nos podrá separar del amor de Dios que es en Cristo Jesús Señor nuestro.

1 Juan 5:2-3

OBSERVA

Líder: *Lee 1 Juan 5:2-3 y Juan 13:34-35 y pide al grupo que…*
- *Encierre en un círculo las instrucciones a los **creyentes***
- *Dibuje un corazón sobre **amen** y **amados**.*

DISCUTE
- Ahora, ¿qué responsabilidad trae el ser amado por Dios al verdadero creyente?

² En esto sabemos que amamos a los hijos de Dios: cuando amamos a Dios y guardamos Sus mandamientos.

³ Porque éste es el amor de Dios: que guardemos Sus mandamientos, y Sus mandamientos no son difíciles.

La fortaleza de conocer a Dios

Juan 13:34-35

Jesus está hablando:

³⁴ Un mandamiento nuevo les doy: 'que se amen los unos a los otros;' que como Yo los he amado, así también se amen los unos a los otros.

³⁵ En esto conocerán todos que son Mis discípulos, si se tienen amor los unos a los otros."

- ¿Cuál será el resultado cuando cumplamos esa responsabilidad?

1 Juan 3:14-19

¹⁴ Nosotros sabemos que hemos pasado de muerte a vida porque amamos a los hermanos. El que no ama permanece en muerte.

¹⁵ Todo el que aborrece a su hermano es un asesino, y ustedes saben que ningún asesino tiene vida eterna permanente en él.

OBSERVA

¿Es el amor más que una palabra que le dices a alguien? ¿Cómo se ve el amor en carne y hueso?

Líder: *Lee 1 Juan 3:14-19. Pide al grupo que...*

- *Encierre las referencias a las **personas**, como sea que se las describa, incluyendo pronombres.*
- *Dibuje un corazón sobre las palabras **amor** y **corazón**.*
- *Marque con una **V** sobre la palabra **verdad**.*

DISCUTE

- ¿Qué aprendiste al marcar las referencias a las personas?

- ¿Qué demuestra que amamos?

- ¿Qué revela este pasaje sobre el que dice "yo amo a Dios" pero aborrece a su hermano?

- ¿Cómo debemos mostrar el amor a los demás exactamente, según los versículos 17-18?

[16] En esto conocemos el amor: en que Él puso Su vida por nosotros. También nosotros debemos poner nuestras vidas por los hermanos.

[17] Pero el que tiene bienes de este mundo, y ve a su hermano en necesidad y cierra su corazón contra él, ¿cómo puede morar el amor de Dios en él?

[18] Hijos, no amemos de palabra ni de lengua, sino de hecho y en verdad.

[19] En esto sabremos que somos de la verdad, y aseguraremos nuestros corazones delante de Él

1 Corintios 13:4-8

⁴ El amor es paciente, es bondadoso. El amor no tiene envidia; el amor no es jactancioso, no es arrogante.

⁵ No se porta indecorosamente; no busca lo suyo, no se irrita, no toma en cuenta el mal recibido.

⁶ El amor no se regocija de la injusticia, sino que se alegra con la verdad.

⁷ Todo lo sufre, todo lo cree, todo lo espera, todo lo soporta.

⁸ El amor nunca deja de ser.

OBSERVA

Líder: Lee 1 Corintios 13:4-8.
- *Pide al grupo que subraye cada palabra o frase que **describe el amor**.*

DISCUTE

- Según estos versículos en 1 Corintios 13, ¿cómo demostramos amor en obra y verdad? Se tan específico y práctico como puedas.

- Piensa acerca de las verdades del amor de Dios que has visto en esta lección. Resume lo que Dios dice que nos sucede cuando experimentamos el amor de Dios creyendo en Jesucristo.

- Segunda de Corintios 13:5 nos dice "Póngase a prueba para ver si están en la fe. ¡Examínense a sí mismos!" Tómate un tiempo para hacer eso. ¡Sería el peor error de tu vida que pienses que eres cristiano si no lo eres! Así que pregúntate a ti mismo si eres un verdadero cristiano y cómo lo sabes. ¿Cuál es la evidencia?

FINALIZANDO

"Miren cuán gran amor nos ha otorgado el Padre: que seamos llamados hijos de Dios. Y eso somos" (1 Juan 3:1a).

Amado de Dios, detente y piensa en lo que has aprendido acerca del amor de Dios esta semana. Regresa a las palabras de Dios que acabas de estudiar. Medita en ellas, deja que llenen tu mente, saturen tu corazón, vayan a lo profundo de tu alma – tu hombre interior. Eres amado incondicionalmente, eternamente, con un amor eterno. Él te llamó "amado" cuando no había nada que amar en ti.

Una vez que vienes ante Dios, reconociendo tu pecado, tu impotencia de salvarte a ti mismo, tu necesidad de un Salvador, Su amor se derramará en tu corazón a través del Espíritu de Dios que Dios te da.

Una vez que crees de verdad, una vez que realmente recibes a Jesús, nada - ¡absolutamente nada! – podrá separarte de Su amor eterno. Eres un miembro de la familia eterna de Dios. Deja que esta verdad vaya a lo profundo de tu alma hasta que sea absorbida por cada fibra de tu ser.

Dios te tiene en Su mano. Nadie puede arrebatarte de Su mano. Todo lo que viene a tu vida será filtrado por Sus soberanos dedos de amor. Piensa en ello, amado. ¿No es eso reconfortante? Como Su hijo, nada que suceda en tu vida será más de lo que puedas soportar. Este es tu derecho espiritual.

Mientras más seguro estés en Su amor, te encontrarás cada vez más amando libremente a los demás con el amor de Dios – incluso a tus enemigos. Y por esto los demás sabrán que eres un verdadero discípulo de Jesucristo.*

Para aprender más de cómo amar en obra y en verdad te recomendamos el estudio de 40 minutos "Amando a Dios y a los Demás".

Si tienes el tiempo, sería bueno adorar a Dios, agradeciéndole por Su gran amor con el cual Él te ha amado (Efesios 2:4).

SEXTA SEMANA

"Dios es bueno. Todo el tiempo Dios es bueno. ¿Por qué? ¡Porque esa es Su naturaleza!" Escucharás esto o palabras similares en muchas reuniones cristianas donde los cristianos recuerdan este atributo de Dios. En uno de sus salmos David nos invita a que "Prueben y vean que el Señor es bueno" (Salmo 34:8). La bondad de Dios se ve en Su misericordia, Su compasión, Su gracia, Su fidelidad – todos atributos del carácter de Dios que lo separan como Dios. No hemos tenido tiempo de explorarlos, pero verás estas características a medida que estudies la Palabra de Dios por ti mismo. Junto con Su bondad, estos son atributos que amamos, que son fáciles de aceptar porque son cosas que queremos que Dios sea.

¿Pero qué hay de la ira de Dios? ¿Qué hay de Su santidad? ¿Qué hay de Sus celos? Estos son tres atributos críticos de Dios que exploraremos esta semana. Cada uno de estos es esencial para Su naturaleza como la bondad, así que necesitamos entender lo que significan estas características para nuestra relación con Él. Será una manera reveladora y, lo creas o no, liberadora de cerrar nuestro estudio.

OBSERVA

Al estudiar el amor de Dios, se te pidió que marcaras dos referencias a la ira de Dios. Leamos estas escrituras de nuevo y veamos lo que podemos aprender.

> **Juan 3:36**
>
> El que cree en el Hijo tiene vida eterna; pero el que no obedece al Hijo no verá la vida, sino que la ira de Dios permanece sobre él."

92 La fortaleza de conocer a Dios

Romanos 5:8-9

⁸ Pero Dios demuestra su amor para con nosotros, en que siendo aún pecadores, Cristo murió por nosotros.

⁹ Entonces mucho más, habiendo sido ahora justificados por Su sangre, seremos salvos de la ira de Dios por medio de El.

Líder: *Lee Juan 3:36 y Romanos 5:8-9 en voz alta y pide al grupo que…*
- Marque **ira** con una **I**.
- Encierre en un círculo los pronombres **él**, **nosotros**.

DISCUTE
- ¿Qué aprendiste al marcar *ira*?

- ¿La ira de quién es descrita en estos versículos?

- ¿Qué provoca la ira? ¿Parece esto justo?

- ¿Cómo puede escapar una persona de esta ira?

2 Reyes 22:11,13

¹¹ Cuando el rey oyó las palabras del Libro de la Ley, rasgó sus vestidos.

¹³ "Vayan, consulten al Señor por mí, por el pueblo y por todo Judá acerca de las palabras de este libro

OBSERVA

La gente a menudo piensa del "Dios del Antiguo Testamento" como un Dios de ira, sin embargo acabamos de ver la ira de Dios activa en el Nuevo Testamento. La ira viene por la incredulidad y la desobediencia, cualquier acto que es contrario a la voluntad de Dios. Comparemos un pasaje del Antiguo Testamento con algunos pasajes del Nuevo Testamento y veamos lo que podemos aprender de ellos acerca de la ira de Dios.

Sexta Semana | 93

Líder: Lee en voz alta 2 Reyes 22:11, 13; Romanos 1:16-19; 2:2-8 y 1 Tesalonicenses 1:9-10.
- Pide al grupo que marque **ira** y **juicio** con una **I**.

DISCUTE
- Observa cada pasaje y discute lo que aprendes al marcar *ira* y *juicio*.

que se ha encontrado, porque grande es la ira del S\ENOR que se ha encendido contra nosotros, por cuanto nuestros padres no han escuchado las palabras de este libro, haciendo conforme a todo lo que está escrito de nosotros."

Romanos 1:16-19

[16] Porque no me avergüenzo del evangelio, pues es el poder de Dios para la salvación de todo el que cree, del Judío primeramente y también del Griego.

[17] Porque en el evangelio la justicia de Dios se revela por fe y para fe, como está escrito: Mas el justo por la fe vivirá.

¹⁸ Porque la ira de Dios se revela desde el cielo contra toda impiedad e injusticia de los hombres, que con injusticia restringen la verdad.

¹⁹ Pero lo que se conoce acerca de Dios es evidente dentro de ellos, pues Dios se lo hizo evidente.

Romanos 2:2-8

² Sabemos que el juicio de Dios justamente cae sobre los que practican tales cosas.

³ ¿Y piensas esto, oh hombre, tú que condenas a los que practican tales cosas y haces lo mismo, que escaparás del juicio de Dios?

ACLARACIÓN

El verbo *revelar* en Romanos 1:18 está en tiempo presente, lo que implica acción continua.

- ¿Qué razones se dan para la ira y el juicio de Dios? No te pierdas ni una sola.

Sexta Semana | 95

- ¿Quién se ve afectado por el juicio de Dios, Su ira?

⁴ ¿O tienes en poco las riquezas de Su bondad y tolerancia y paciencia, ignorando que la bondad de Dios te guía al arrepentimiento?

⁵ Pero por causa de tu terquedad y de tu corazón no arrepentido, estás acumulando ira para ti en el día de la ira y de la revelación del justo juicio de Dios.

- ¿Cuándo y cómo se experimenta la ira y el juicio de Dios?

⁶ Él pagará a cada uno conforme a sus obras:

⁷ a los que por la perseverancia en hacer el bien buscan gloria, honor e inmortalidad: vida eterna;

⁸ pero a los que son ambiciosos y no

obedecen a la verdad, sino que obedecen a la injusticia: ira e indignación.

Tesalonicenses 1:9-10

⁹ Pues ellos mismos cuentan acerca de nosotros, de la acogida que tuvimos por parte de ustedes, y de cómo se convirtieron de los ídolos a Dios para servir al Dios vivo y verdadero,

¹⁰ y esperar de los cielos a Su Hijo, al cual resucitó de entre los muertos, es decir, a Jesús, quien nos libra de la ira venidera.

• ¿Qué aprendiste acerca de Dios de estos pasajes?

OBSERVA

¿Qué tan importante es para nosotros entender la ira de Dios y la razón para Su ira?

Líder: *Lee Efesios 5:3-6 en voz alta. Pide al grupo que...*
- *Encierre en un círculo la palabra* **ustedes**.
- *Subraye cada* **comportamiento** *que se menciona en estos versículos.*
- *Marque las frases* **con certeza ustedes saben esto**, **que nadie los engañe** *con un visto como este:* ✓
- *Marque* **ira** *con una* **I**.

DISCUTE
- ¿Qué aprendiste al marcar *ira*?

- Lee el pasaje cuidadosamente versículo por versículo y discute lo que Dios nos dice acerca de la gente que muestra los comportamientos mencionados.

Efesios 5:3-6

³ Pero que la inmoralidad, y toda impureza o avaricia, ni siquiera se mencionen entre ustedes, como corresponde a los santos.

⁴ Tampoco haya obscenidades, ni necedades, ni groserías, que no son apropiadas, sino más bien acciones de gracias.

⁵ Porque con certeza ustedes saben esto: que ningún inmoral, impuro, o avaro, que es idólatra, tiene herencia en el reino de Cristo y de Dios.

⁶ Que nadie los engañe con palabras vanas, pues por causa de estas

cosas la ira de Dios viene sobre los hijos de desobediencia.

- ¿Cómo son descritos estas personas en el versículo 6?

- ¿Qué aprendiste al marcar *con certeza ustedes saben esto* y *que nadie los engañe*? ¿Qué te dice esto acerca de la importancia de lo que Pablo estaba escribiendo bajo la inspiración de Dios?

- ¿Qué responsabilidad, si alguna, tienes en relación a la gente que declara ser creyente pero que participa de estas cosas?

2 Tesalonicenses 1:6-10

⁶ Porque después de todo, es justo delante de Dios que Él pague con aflicción a quienes los afligen a ustedes.

⁷ Pero que Él les dé alivio a ustedes que son afligidos, y también a nosotros, cuando el Señor Jesús sea revelado desde el cielo con Sus poderosos ángeles en llama de fuego,

OBSERVA

Vivir correctamente, según la Palabra de Dios y el carácter de Dios, puede y traerá sufrimiento y aflicción. ¿Podrán salirse con la suya los que persiguen a los creyentes y no viven de manera recta?

Líder: *Lee 2 Tesalonicenses 1:6-10 en voz alta. Pide al grupo que...*

- *Marque cada referencia a* **Dios** *con un triángulo.*
- *Ponga una cruz sobre cada referencia a* **Jesús.**
- *Encierre en un círculo los pronombres* **ustedes** *y* **nosotros** *que se refieren a los* **creyentes,** *incluyendo el sinónimo* **santos.**

- *Marque la palabra **aflicción** en todas sus formas de esta manera:* /W/V

DISCUTE
- ¿Qué viste al marcar *Dios* y *Jesús*? ¿Qué podemos esperar que hagan ellos en el futuro?

- ¿Qué aprendiste al marcar las referencias a los creyentes?

- Aunque la palabra *ira* no se encuentra en este pasaje, ¿viste alguna evidencia de la ira de Dios?

Líder: *Lee el pasaje de nuevo y pide al grupo que marque con una* **I** *cualquier palabra o frase que el grupo piense muestra la ira de Dios. Luego discute lo que observaron.*

- Ahora que estás consciente de la ira de Dios, estarás alerta ante su presencia en muchos versículos a lo largo de la Biblia. La pregunta es, ¿cómo te sientes acerca de este aspecto de la naturaleza de Dios – y por qué?

[8] dando castigo a los que no conocen a Dios, y a los que no obedecen al evangelio (las buenas nuevas) de nuestro Señor Jesús.

[9] Estos sufrirán el castigo de eterna destrucción, excluidos de la presencia del Señor y de la gloria de Su poder,

[10] cuando Él venga para ser glorificado en Sus santos en aquel día y para ser admirado entre todos los que han creído; porque nuestro testimonio ha sido creído por ustedes.

OBSERVA

La ira es la respuesta de Dios al pecado en todas sus formas. Su santidad, Su justicia demandan Su justo juicio contra todo lo que puede dañar un individuo y destruir a la humanidad. He ahí Su ira. Hemos visto la Justicia de Dios, pero todavía no hemos explorado Su santidad. Haremos eso a continuación, comenzando con un versículo de un cántico que Moisés cantó al Señor después de que Dios separó el Mar Rojo y salvó a los hijos de Israel del ejército del Faraón. Las aguas se separaron, los israelitas cruzaron el mar sobre tierra seca, ¡luego Dios ahogó al Faraón y su ejército egipcio en el mismo mar!

Éxodo 15:11

¿Quién como Tú entre los dioses, oh Señor? ¿Quién como Tú, majestuoso en santidad, Temible en las alabanzas, haciendo maravillas?

Líder: Lee Éxodo 15:11 en voz alta como grupo.

- *Pide al grupo que marque **santidad** con una nube, como esta:*

ACLARACIÓN

El concepto bíblico de *santidad* es difícil de definir en pocas palabras, pero contiene la idea de *estar separado*. *Sugiere* una separación entre lo que es puro y lo que es impuro. Dios está separado de todo lo que es malvado o profano. Su carácter es el estándar de la perfección moral.

Las palabras *santo* y *santidad* son utilizadas aproximadamente setecientas veces en la Biblia. El concepto primero aparece en Éxodo 3, donde Dios se le aparece a Moisés en una zarza ardiente. Dios declara el sitio "tierra santa" y le dice a Moisés que se quite el calzado.
Así ves el concepto de separación.

La idea de separación, ser separado para Dios, se afirma una y otra vez el referirse a las asambleas, vestiduras, días, aceite, e incluso el lugar santísimo en el templo. Tan solo una pieza fue puesta en el lugar santísimo, el arca del pacto, el cual representa el trono de Dios.

DISCUTE

- ¿Qué dice Éxodo 15:11 acerca de Dios?

- Repasando los eventos que precedieron a esto, ¿puedes entender por qué estas palabras estuvieron incluidas en el cántico?

- ¿Qué crees que significa "majestuoso en santidad"?

OBSERVA

A continuación veremos la santidad de Dios en acción. ¡Prepárate! Es una tremenda historia. Aarón era el sumo sacerdote y sus hijos servían con Él en el tabernáculo. Dios ordenó un sacrificio diario con una fórmula precisa de incienso que se debía quemar en el lugar santo sobre el altar de incienso. Este altar estaba frente al velo del lugar santísimo.

Líder: Lee Levítico 10:1-3 en voz alta. Pide al grupo que...
- Marque cada referencia al **Señor**, incluyendo pronombres, con un triángulo.
- Dibuje una nube alrededor de la palabra **santo**.

Levítico 10:1-3

¹ Pero Nadab y Abiú, hijos de Aarón, tomaron sus respectivos incensarios, y después de poner fuego en ellos y echar incienso sobre él, ofrecieron delante del Señor fuego extraño, que Él no les había ordenado.

² Y de la presencia del Señor salió fuego que

DISCUTE

- Resume brevemente los eventos descritos en estos tres versículos.

- ¿Cómo te afectó esta historia?

- ¿Qué aprendiste acerca del Señor? ¿Acerca de la seriedad de la santidad de Dios?

- A la luz de todo lo que has aprendido acerca del carácter de Dios, ¿cómo explicarías las acciones de Dios?

OBSERVA

¿Qué espera Dios de Su pueblo?

Líder: *Lee Levítico 11:44-45 en voz alta y pide al grupo que…*
- *Marque cada referencia al* **Señor** *con un triángulo.*
- *Encierre en un círculo los pronombres* **su** *y* **los**.
- *Dibuje una nube alrededor de la palabra* **santo**.

---

los consumió, y murieron delante del Señor.

³ Entonces Moisés dijo a Aarón: "Esto es lo que el Señor dijo: 'Como santo seré tratado por los que se acercan a Mí, y en presencia de todo el pueblo seré honrado.'" Y Aarón guardó silencio.

Levítico 11:44-45

Dios está hablando a los hijos de Israel

⁴⁴ Porque Yo soy el Señor su Dios. Por tanto, conságrense y sean santos, porque Yo soy santo. No se contaminen, pues, con ningún animal que se arrastra sobre la tierra.

⁴⁵ Porque Yo soy el Señor, que los he hecho subir de la tierra de Egipto para ser su Dios; serán, pues, santos porque Yo soy santo."

Isaías 6:1-5

¹ En el año de la muerte del rey Uzías vi yo al Señor sentado sobre un trono alto y sublime, y la orla de Su manto llenaba el templo.

² Por encima de Él había serafines. Cada uno tenía seis alas: con dos cubrían sus rostros, con dos cubrían sus pies y con dos volaban.

³ Y el uno al otro daba voces, diciendo: "Santo, Santo, Santo, es el Señor de los ejércitos,

DISCUTE
- ¿Cuáles fueron las instrucciones del Señor y qué razón(es) dio Él?

- ¿Cómo se demuestra la santidad en este pasaje?

OBSERVA

¿Cómo se responde ante la presencia de un Dios santo?

Líder: *Lee Isaías 6:1-5 en voz alta y pide al grupo que...*
- *Dibuje un triángulo sobre cada referencia al **Señor**, incluyendo pronombres **Su** y **Él**.*
- *Encierre en un círculo las referencias a **Isaías**, el que habla en este pasaje.*

DISCUTE
- ¿Qué aprendiste acerca del Señor en este pasaje?

Sexta Semana | 105

- ¿Qué le sucedió a Isaías cuando vio al Señor – y por qué?

- Discute lo que has observado acerca del entendimiento de la mayoría de la gente o la respuesta a la santidad de Dios.

- ¿Piensas que los que declaran ser cristianos verdaderamente entienden la santidad del Señor y viven sus vidas en concordancia a eso?

- ¿Qué hay de ti? ¿Cómo te hablan estos versículos?

Llena está toda la tierra de Su gloria."

⁴ Y se estremecieron los cimientos de los umbrales a la voz del que clamaba, y la casa se llenó de humo.

5 Entonces dije: "¡Ay de mí! porque perdido estoy, pues soy hombre de labios inmundos y en medio de un pueblo de labios inmundos habito, porque mis ojos han visto al Rey, el SEÑOR de los ejércitos."

1 Pedro 1:14-16

¹⁴ Como hijos obedientes, no se conformen a los deseos que antes tenían en su ignorancia,

¹⁵ sino que así como Aquél que los llamó es Santo, así también sean ustedes santos en toda su manera de vivir.

¹⁶ Porque escrito está: "Sean santos, porque Yo soy santo."

1 Pedro 2:9-12

⁹ Pero ustedes son linaje escogido, real sacerdocio, nación santa, pueblo adquirido para posesión de Dios, a fin de que anuncien las virtudes de Aquél que los llamó de las tinieblas a Su luz admirable.

OBSERVA

Dios le dijo a la nación de Israel que debían ser santos. ¿Qué hay de los que decimos ser cristianos?

Líder: Lee 1 Pedro 1:14-16 y 2:9-12. Pide al grupo que...

- *Encierre cada referencia a los **creyentes**, incluyendo pronombres y sinónimos, como **hijos obedientes**.*
- *Ponga un triángulo sobre cada referencia a **Dios**, incluyendo pronombres y sinónimos como **Aquel** y **Santo**.*
- *Dibuje una nube alrededor de la palabra **santo**.*

DISCUTE

- ¿Qué aprendiste acerca de los creyentes de estos dos pasajes?

Sexta Semana | 107

- Describe cómo debemos comportarnos y por qué.

¹⁰ Ustedes en otro tiempo no eran pueblo, pero ahora son el pueblo de Dios; no habían recibido misericordia, pero ahora han recibido misericordia.

¹¹ Amados, les ruego como a extranjeros y peregrinos, que se abstengan de las pasiones carnales que combaten contra el alma.

- ¿Es eso posible, o está Dios esperando demasiado de nosotros, dada la cultura en que vivimos? Explica tu respuesta.

¹² Mantengan entre los Gentiles (incrédulos) una conducta irreprochable, a fin de que en aquello que les calumnian como malhechores, ellos, por razón de las buenas obras de ustedes, al considerarlas, glorifiquen a Dios en el día de la visitación (del juicio).

La fortaleza de conocer a Dios

1 Corintios 6:19-20

[19] ¿O no saben que su cuerpo es templo del Espíritu Santo que está en ustedes, el cual tienen de Dios, y que ustedes no se pertenecen a sí mismos?

[20] Porque han sido comprados por un precio. Por tanto, glorifiquen a Dios en su cuerpo y en su espíritu, los cuales son de Dios.

Gálatas 5:16-18

[16] Digo, pues: anden por el Espíritu, y no cumplirán el deseo de la carne.

[17] Porque el deseo de la carne es contra el Espíritu, y el del Espíritu es contra la carne, pues éstos se

OBSERVA

¿Cómo es posible ser santo como Dios es santo? Veamos lo que el apóstol Pablo le escribió a un grupo de creyentes que eran minoría viviendo en una cultura que era tan inmoral y licenciosa como lo es la nuestra.

Líder: Lee 1 Corintios 6:19-20 y Gálatas 5:16-18 en voz alta. Pide al grupo que…
- *Encierre los pronombres **su** y **ustedes**.*
- *Ponga una **E** sobre las referencias al **Espíritu**.*
- *Ponga una **C** sobre las referencias a **la carne**.*

DISCUTE

- Mira los pasajes uno por uno. Primero, ¿qué aprendiste al marcar *su* y *ustedes* en 1 Corintios 6:19-20?

- ¿Qué pregunta se plantea a los creyentes?

- ¿Cuál es el precio que fue pagado para salvarte? (Lo vimos en la lección sobre el amor de Dios).

- Si el Espíritu Santo está en ti, ¿qué diferencia hace a tu habilidad de ser santo?

- Ahora, ¿qué aprendiste al marcar *ustedes* en Gálatas 5? No te pierdas nada.

- ¿Qué aprendiste de marcar el *Espíritu* en estos dos pasajes?

- Compara la *carne* y el *Espíritu*. ¿Qué aprendes de esto?

- ¿Qué has aprendido que te puede ayudar a ser santo así como Dios es santo?

- Piensa acerca de Gálatas 5:18. Lo que Dios quiere que sepas es que eres santo porque el Espíritu Santo mora en ti, no porque estás tratando de guardar la ley. Recuerda eso: ¡la santidad viene al someterse al Espíritu en vez de tratar de controlar tu propia carne con una lista de cosas que puedes y no puedes hacer!

oponen el uno al otro, de manera que ustedes no pueden hacer lo que deseen.

[18] Pero si son guiados por el Espíritu, no están bajo la Ley.

Éxodo 20:2-6

² "Yo soy el SEÑOR tu Dios, que te saqué de la tierra de Egipto, de la casa de servidumbre.

³ "No tendrás otros dioses delante de Mí.

⁴ "No te harás ningún ídolo, ni semejanza alguna de lo que está arriba en el cielo, ni abajo en la tierra, ni en las aguas debajo de la tierra.

⁵ No los adorarás (No te inclinarás ante ellos) ni los servirás (ni los honrarás). Porque Yo, el SEÑOR tu Dios, soy Dios celoso, que castigo la iniquidad de los padres sobre los hijos hasta la tercera y cuarta generación de los que Me aborrecen,

OBSERVA

En un estudio como este no tenemos tiempo de ver cada atributo de Dios. Sin embargo, hay un atributo final que queremos considerar antes de terminar con nuestro estudio.

Líder: Lee Éxodo 20:2-6 y 34:12-14 en voz alta. Pide al grupo que...
- *Ponga un triángulo sobre cada referencia a **Dios**, incluyendo sinónimos y pronombres.*
- *Encierre **tu**, **te**, **ti**, **ustedes**, **sus**.*
- *Marque cada referencia a los **ídolos** – cualquier cosa que sea adorada además de Dios – con una **I**.*

DISCUTE
- ¿Qué te dice Dios de Sí mismo en estos dos pasajes? ¿Qué tipo de Dios es Él?

- ¿Qué hará Dios debido a que es Dios?

ACLARACIÓN

Es importante entender la diferencia entre celos y envidia. La *envidia* es desear tener algo que tiene alguien más. *Celos* es no querer que alguien más tenga lo que tú tienes.

- Considerando todo lo que has aprendido acerca de Dios en Su Palabra, ¿son los celos de Dios buenos o malos? Explica tu respuesta.

[6] y muestro misericordia a millares, a los que Me aman y guardan Mis mandamientos.

Éxodo 34:12-14

[12] Cuídate de no hacer pacto con los habitantes de la tierra adonde vas, no sea que esto se convierta en tropezadero en medio de ti.

[13] "Ustedes derribarán sus altares, quebrarán sus pilares sagrados y cortarán sus Aseras.

[14] No adorarás a ningún otro dios, ya que el SEÑOR, cuyo nombre es Celoso, es Dios celoso.

La fortaleza de conocer a Dios

2 Corintios 6:14, 16-7:1

¹⁴ No estén unidos en yugo desigual con los incrédulos, pues ¿qué asociación tienen la justicia y la iniquidad? ¿O qué comunión la luz con las tinieblas?

¹⁶ ¿O qué acuerdo tiene el templo de Dios con los ídolos? Porque nosotros somos el templo del Dios vivo, como Dios dijo: "Habitaré en ellos, y andaré entre ellos; y seré su Dios, y ellos serán Mi pueblo.

¹⁷ Por tanto, salgan de en medio de ellos y apártense," dice el Señor; "y no toquen lo inmundo, Y Yo los recibiré.

OBSERVA

¿Cuáles son las instrucciones de Dios para los que tenemos Su Espíritu morando en nosotros?

Líder: Lee 2 Corintios 6:14, 16-7:1 y Colosenses 3:5-6, 9-10 en voz alta. Pide al grupo que…
- *Ponga un triángulo sobre cada referencia a **Dios**.*
- *Encierre en un círculo cada pronombre que se refiere a los **creyentes**, como **nosotros, ellos, su, los, ustedes**.*
- *Marque cada referencia a los **ídolos** e idolatría con una I.*

DISCUTE

- ¿Qué aprendiste acerca de los creyentes en estos pasajes?

Sexta Semana

- ¿Viste la palabra *santidad* en 2 Corintios 7:1? ¿Cómo se aplica a los creyentes y qué crees que significa en la práctica?

- Según los versículos en 2 Corintios 6 y 7, ¿cómo se llega a la santidad?

- ¿Qué aprendiste acerca de la idolatría en estos pasajes?

[18] Yo seré un padre para ustedes, y ustedes serán para Mí hijos e hijas," Dice el Señor Todopoderoso.

[7:1] Por tanto, amados, teniendo estas promesas, limpiémonos de toda inmundicia de la carne y del espíritu, perfeccionando la santidad en el temor de Dios.

Colosenses 3:5-6, 9-10

[5] Por tanto, consideren los miembros de su cuerpo terrenal como muertos a la fornicación, la impureza, las pasiones, los malos deseos y la avaricia, que es idolatría.

[6] Pues la ira de Dios vendrá sobre los hijos de desobediencia por causa de estas cosas,

⁹ Dejen de mentirse los unos a los otros, puesto que han desechado al viejo hombre con sus malos hábitos,

¹⁰ y se han vestido del nuevo hombre, el cual se va renovando hacia un verdadero conocimiento, conforme a la imagen de Aquél que lo creó.

- ¿Qué se describe como idolatría en Colosenses 3:5?

ACLARACIÓN

Dios tiene mucho que decir en Su Palabra con respecto a los ídolos y su adoración. Un ídolo es cualquier cosa a la cual te inclines, que pones en el lugar que le corresponde a Dios, cualquier cosa que recibe prioridad sobre Él en tu afecto. Un ídolo es un dios falsificado que te llevará lejos de amar a Dios con todo tu corazón, mente, alma, cuerpo y fuerzas. Dios no tolera los ídolos, y Él sabe cómo eliminarlos. Son malos para ti; te impiden ser todo lo que Dios, en Su bondad, desea para ti y para Su reino.

Dios es celoso. Él es celoso de tu santidad – tu santificación – sin la cual, Él dice, "nadie verá al Señor" (Hebreos 12:14).

- ¿Crees que la idolatría es un problema hoy en día entre el pueblo de Dios? Explica tu respuesta.

- ¿Qué necesitamos hacer a la luz de lo que acabas de ver?

- Lee Colosenses 3:10 en voz alta una vez más, luego piensa acerca del conocimiento que has ganado acerca de Dios – verdadero conocimiento porque lo viste en Su Palabra. ¿Cómo te ha afectado ese conocimiento?

FINALIZANDO

En Colosenses 3:10, se describe al creyente en que "se ha vestido del nuevo hombre, el cual se va renovando hacia un verdadero conocimiento, conforme a la imagen de Aquel que lo creó". Esto nos lleva donde comenzamos – en Génesis, el libro de los orígenes donde vimos por primera vez a Dios como Creador.

Qué maravilloso pensamiento para terminar nuestro estudio, amado de Dios. (¿Ya lo sabes, no es así, que eres amado de Dios y es bueno y correcto recordarte esto?)

Si has escuchado a Dios, sabes que cuando el Padre, Hijo y Espíritu Santo nos crearon, varón y hembra, nos crearon a su imagen. Aunque esa imagen fue distorsionada, separada de Dios por el pecado de la incredulidad y la desobediencia, tenemos esperanza en su restauración. Porque Dios es amor, Él nos llamó amados cuando no había nada digno de amar en nosotros. Por amor, gracia, misericordia y benignidad el Padre eterno nos redimió a través de la vida, muerte, sepultura y resurrección del Santo Hijo de Dios, nuestro Señor Jesucristo.

No se ha conocido nunca un amor tan grande, nunca se había visto que mientras éramos pecadores, sin esperanza, desamparados, incrédulos – literalmente enemigos de Dios – Jesucristo, el único amado Hijo de Dios, murió por nosotros. Él llevó nuestro pecado, aunque la paga del pecado es la muerte y lo pagó completamente. Y porque la santidad de Dios fue satisfecha (propiciada), Él Lo resucitó de los muertos, para no morir más. Así que cuando creemos en el nombre de Jesús pasamos de la muerte a la vida – vida eterna.

Y porque Dios es soberano – todo está bajo el dominio del Dios Altísimo – tú y yo tenemos la absoluta certeza que "para los que aman a Dios, todas las cosas cooperan para bien" (Romanos 8:28). Para los que se arrepienten de su pecado y aceptan a Jesús, Dios en la carne, como nuestro Salvador, nuestro Señor. Hemos sido llamados por Dios, elegidos por Él antes de la fundación del mundo, según el propósito eterno de Dios. Dios sabía esto, nos predestinó, nos marcó de antemano para "ser hechos conforme a la imagen de Su Hijo" (Romanos 8:29).

Es asombroso y abrumador que, al crecer en "el verdadero conocimiento de Aquel que nos llamó por Su gloria y excelencia" (2 Pedro 1:3), nos volvemos más y más como Él. Fortalecidos, capaces de tener coraje, servir activamente donde sea y como sea que Él y Su omnisciencia desea que vivamos hasta que Él nos llame a casa.

¡Casa! ¡El cielo! Jesús está ahí ahora, en la casa de Su Padre, preparando morada para nosotros. Pronto regresará para llevarnos allá. O, si morimos primero, entonces estaremos con Él cuando Él regrese en toda Su gloria para reinar como Rey de reyes y Señor de señores.

Oh amado del Padre, anda en el Espíritu Santo. No le des la mínima causa para estar celoso. Sé santo como Él es santo, para que cuando veas al Santo lo escuches declarar, "Bien siervo bueno y fiel…entra en el gozo de tu Señor" (Mateo 25:21).

Por tanto, al Rey eterno, inmortal, invisible, único Dios, a Él sea honor y gloria por los siglos de los siglos. Amén. (1 Timoteo 1:17)

ESTUDIOS BÍBLICOS INDUCTIVOS DE 40 MINUTOS

Esta singular serie de estudios bíblicos del equipo de enseñanza de Ministerios Precepto Internacional, aborda temas con los que luchan las mentes investigadoras; y lo hace en breves lecciones muy fáciles de entender e ideales para reuniones de grupos pequeños. Estos cursos de estudio bíblico, de la serie 40 minutos, pueden realizarse siguiendo cualquier orden. Sin embargo, a continuación te mostramos una posible secuencia a seguir:

¿Cómo Sabes que Dios es Tu Padre?

Muchos dicen: "Soy cristiano"; pero, ¿cómo pueden saber si Dios realmente es su Padre—y si el cielo será su futuro hogar? La epístola de 1 Juan fue escrita con este propósito—que tú puedas saber si realmente tienes la vida eterna. Éste es un esclarecedor estudio que te sacará de la oscuridad y abrirá tu entendimiento hacia esta importante verdad bíblica.

Cómo Tener una Relación Genuina con Dios

A quienes tengan el deseo de conocer a Dios y relacionarse con Él de forma significativa, Ministerios Precepto abre la Biblia para mostrarles el camino a la salvación. Por medio de un profundo análisis de ciertos pasajes bíblicos cruciales, este esclarecedor estudio se enfoca en dónde nos encontramos con respecto a Dios, cómo es que el pecado evita que lo conozcamos y cómo Cristo puso un puente sobre aquel abismo que existe entre los hombres y su SEÑOR.

Ser un Discípulo: Considerando Su Verdadero Costo

Jesús llamó a Sus seguidores a ser discípulos. Pero el discipulado viene con un costo y un compromiso incluido. Este estudio da una mirada inductiva a cómo la Biblia describe al discípulo, establece las características de un seguidor de Cristo e invita a los estudiantes a aceptar Su desafío, para luego disfrutar de las eternas bendiciones del discipulado.

¿Vives lo que Dices?

Este estudio inductivo de Efesios 4 y 5, está diseñado para ayudar a los estudiantes a que vean por sí mismos, lo que Dios dice respecto al estilo de vida de un verdadero creyente en Cristo. Este estudio los capacitará para vivir de una manera digna de su llamamiento; con la meta final de desarrollar un andar diario con Dios, caracterizado por la madurez, la semejanza a Cristo y la paz.

Viviendo Una Vida de Verdadera Adoración

La adoración es uno de los temas del cristianismo peor entendidos; este estudio explora lo que la Biblia dice acerca de la adoración: ¿qué es? ¿Cuándo sucede? ¿Dónde ocurre? ¿Se basa en las emociones? ¿Se limita solamente a los domingos en la iglesia? ¿Impacta la forma en que sirves al Señor? Para éstas y más preguntas, este estudio nos ofrece respuestas bíblicas novedosas.

Descubriendo lo que Nos Espera en el Futuro

Con todo lo que está ocurriendo en el mundo, las personas no pueden evitar cuestionarse respecto a lo que nos espera en el futuro. ¿Habrá paz alguna vez en la tierra? ¿Cuánto tiempo vivirá el mundo bajo la amenaza del terrorismo? ¿Hay un horizonte con un solo gobernante mundial? Esta fácil guía de estudio conduce a los lectores a través del importante libro de Daniel; libro en el que se establece el plan de Dios para el futuro.

Cómo Tomar Decisiones Que No Lamentarás

Cada día nos enfrentamos a innumerables decisiones y algunas de ellas pueden cambiar el curso de nuestras vidas para siempre. Entonces, ¿a dónde acudes en busca de dirección? ¿Qué debemos hacer cuando nos enfrentamos a una tentación? Este breve estudio te brindará una práctica y valiosa guía, al explorar el papel que tiene la Escritura y el Espíritu Santo en nuestra toma de decisiones.

Dinero y Posesiones: La Búsqueda del Contentamiento

Nuestra actitud hacia el dinero y las posesiones reflejará la calidad de nuestra relación con Dios. Y, de acuerdo con las Escrituras, nuestra visión del dinero nos muestra dónde está descansando nuestro verdadero amor. En este estudio, los lectores escudriñarán las Escrituras para aprender de dónde proviene el dinero, cómo se supone que debemos manejarlo y cómo vivir una vida abundante, sin importar su actual situación financiera.

Cómo puede un Hombre Controlar Sus Pensamientos, Deseos y Pasiones

Este estudio capacita a los hombres con la poderosa verdad de que Dios ha provisto todo lo necesario para resistir la tentación; y lo hace, a través de ejemplos de hombres en las Escrituras, algunos de los cuales cayeron en pecado y otros que se mantuvieron firmes. Aprende cómo escoger el camino de pureza, para tener la plena confianza de que, a través del poder del Espíritu Santo y la Palabra de Dios, podrás estar algún día puro e irreprensible delante de Dios.

Viviendo Victoriosamente en Tiempos de Dificultad

Vivimos en un mundo decadente, poblado por gente sin rumbo y no podemos escaparnos de la adversidad y el dolor. Sin embargo, y por alguna razón, los difíciles tiempos que se viven actualmente son parte del plan de Dios y sirven para Sus propósitos. Este valioso estudio ayuda a los lectores a descubrir cómo glorificar a Dios en medio del dolor; al tiempo que aprenden cómo encontrar gozo aún cuando la vida parezca injusta y a conocer la paz que viene al confiar en el Único que puede brindar la fuerza necesaria en medio de nuestra debilidad.

Edificando un Matrimonio que en Verdad Funcione

Dios diseñó el matrimonio para que fuera una relación satisfactoria y realizadora; creando a hombres y mujeres para que ellos—juntos y como una sola carne—pudieran reflejar Su amor por el mundo. El matrimonio, cuando es vivido como Dios lo planeó, nos completa, nos trae gozo y da a nuestras vidas un fresco significado. En este estudio, los lectores examinarán el diseño de Dios para el matrimonio y aprenderán cómo establecer y mantener el tipo de matrimonio que trae gozo duradero.

El Perdón: Rompiendo el Poder del Pasado

El perdón puede ser un concepto abrumador, sobre todo para quienes llevan consigo profundas heridas provocadas por difíciles situaciones de su pasado. En este estudio innovador, obtendrás esclarecedores conceptos del perdón de Dios para contigo, aprenderás cómo responder a aquellos que te han tratado injustamente y descubrirás cómo la decisión de perdonar rompe las cadenas del doloroso pasado y te impulsa hacia un gozoso futuro.

Elementos Básicos de la Oración Efectiva

Esta perspectiva general de la oración te guiará a una vida de oración con más fervor, a medida que aprendes lo que Dios espera de tus oraciones y qué puedes esperar de Él. Un detallado examen del Padre Nuestro y de algunos importantes principios obtenidos de ejemplos de oraciones a través de la Biblia, te desafiarán a un mayor entendimiento de la voluntad de Dios, Sus caminos y Su amor por ti mientras experimentas lo que significa verdaderamente el acercarse a Dios en oración.

Cómo se Hace un Líder al Estilo de Dios

¿Qué espera Dios de quienes Él coloca en lugares de autoridad? ¿Qué características marcan al verdadero líder efectivo? ¿Cómo puedes ser el líder que Dios te ha llamado a ser? Encontrarás las respuestas a éstas y otras preguntas, en este poderoso estudio de cuatro importantes líderes de Israel—Elí, Samuel, Saúl y David—cuyas vidas señalan principios que necesitamos conocer como líderes en nuestros hogares, en nuestras comunidades, en nuestras iglesias y finalmente en nuestro mundo.

¿Qué Dice la Biblia Acerca del Sexo?

Nuestra cultura está saturada de sexo, pero muy pocos tienen una idea clara de lo que Dios dice acerca de este tema. En contraste a la creencia popular, Dios no se opone al sexo; únicamente, a su mal uso. Al aprender acerca de las barreras o límites que Él ha diseñado para proteger este regalo, te capacitarás para enfrentar las mentiras del mundo y aprender que Dios quiere lo mejor para ti.

Principios Clave para el Ayuno Bíblico

La disciplina espiritual del ayuno se remonta a la antigüedad. Sin embargo, el propósito y naturaleza de esta práctica a menudo es malentendida. Este vigorizante estudio explica por qué el ayuno es importante en la vida del creyente promedio, resalta principios bíblicos para el ayuno efectivo y muestra cómo esta poderosa disciplina lleva a una conexión más profunda con Dios.

Entendiendo los Dones Espirituales

¿Qué son Dones Espirituales?
El tema de los dones espirituales podría parecer complicado: ¿Quién

tiene dones espirituales – "las personas espirituales" o todo el mundo? ¿Qué son dones espirituales?
Entender los Dones Espirituales te lleva directamente a la Palabra de Dios, para descubrir las respuestas del Mismo que otorga el don. A medida que profundizas en los pasajes bíblicos acerca del diseño de Dios para cada uno de nosotros, descubrirás que los dones espirituales no son complicados – pero sí cambian vidas.
Descubrirás lo que son los dones espirituales, de dónde vienen, quiénes los tienen, cómo se reciben y cómo obran dentro de la iglesia. A medida que estudias, tendrás una nueva visión de cómo puedes usar los dones dados por Dios para traer esperanza a tu hogar, tu iglesia y a un mundo herido.

Viviendo Como que le Perteneces a Dios

¿Pueden otros ver que le perteneces a Dios?
Dios nos llama a una vida de gozo, obediencia y confianza. Él nos llama a ser diferentes de quienes nos rodean. Él nos llama a ser santos.
En este enriquecedor estudio, descubrirás que la santidad no es un estándar arbitrario dentro de la iglesia actual o un objetivo inalcanzable de perfección intachable. La santidad se trata de agradar a Dios – vivir de tal manera que sea claro que le perteneces a Él. La santidad es lo que te hace único como un creyente de Jesucristo.
Ven a explorar la belleza de vivir en santidad y ver por qué la verdadera santidad y verdadera felicidad siempre van de la mano.

Amando a Dios y a los demás

¿Qué quiere realmente Dios de ti?
Es fácil confundirse acerca de cómo agradar a Dios. Un maestro de Biblia te da una larga lista de mandatos que debes guardar. El siguiente te dice que solo la gracia importa. ¿Quién está en lo correcto?

Hace siglos, en respuesta a esta pregunta, Jesús simplificó todas las reglas y regulaciones de la Ley en dos grandes mandamientos: amar a Dios y a tu prójimo.

Amar a Dios y a los demás estudia cómo estos dos mandamientos definen el corazón de la fe Cristiana. Mientras descansas en el conocimiento de lo que Dios te ha llamado a hacer, serás desafiado a vivir estos mandamientos – y descubrir cómo obedecer los simples mandatos de Jesús transformarán no solo tu vida sino también las vidas de los que te rodean.

Cómo Liberarse de los Temores

La vida está llena de todo tipo de temores que pueden asaltar tu mente, perturbar tu alma y traer estrés incalculable. Pero no tienes que permanecer cautivo a tus temores.

En este estudio de seis semanas aprenderás cómo confrontar tus circunstancias con fortaleza y coraje mientras vives en el temor del Señor – el temor que conquista todo temor y te libera para vivir en fe.

Distracciones Fatales: Conquistando Tentaciones Destructivas

¿Está el pecado amenazando tu progreso espiritual?

Cualquier tipo de pecado puede minar la efectividad del creyente, pero ciertos pecados pueden enraizarse tanto en sus vidas - incluso sin darse cuenta - que se vuelven fatales para nuestro crecimiento espiritual. Este estudio trata con seis de los pecados "mortales" que amenazan el progreso espiritual: Orgullo, Ira, Celos, Glotonería, Pereza y Avaricia. Aprenderás cómo identificar las formas sutiles en las que estas distracciones fatales pueden invadir tu vida y estarás equipado para conquistar estas tentaciones destructivas para que puedas madurar en tu caminar con Cristo.

Guerra Espiritual: Venciendo al Enemigo

¿Estás preparado para la batalla?
Ya sea que te des cuenta o no, vives en medio de una lucha Espiritual. Tu enemigo, el diablo, es peligroso, destructivo y está determinado a alejarte de servir de manera efectiva a Dios. Para poder defenderte a ti mismo de sus ataques, necesitas conocer cómo opera el enemigo. A través de este estudio de seis semanas, obtendrás un completo conocimiento de las tácticas e insidias del enemigo. Mientras descubres la verdad acerca de Satanás – incluyendo los límites de su poder – estarás equipado a permanecer firme contra sus ataques y a desarrollar una estrategia para vivir diariamente en victoria.

Volviendo Tu Corazón Hacia Dios

Descubre lo que realmente significa ser bendecido.
En el Sermón del Monte, Jesús identificó actitudes que traen el favor de Dios: llorar sobre el pecado, demostrar mansedumbre, mostrar misericordia, cultivar la paz y más. Algunas de estas frases se han vuelto tan familiares que hemos perdido el sentido de su significado. En este poderoso estudio, obtendrás un fresco entendimiento de lo que significa alinear tu vida con las prioridades de Dios. Redescubrirás por qué la palabra bendecido significa caminar en la plenitud y satisfacción de Dios, sin importar tus circunstancias. A medida que miras de cerca el significado detrás de cada una de las Bienaventuranzas, verás cómo estas verdades dan forma a tus decisiones cada día – y te acercan más al corazón de Dios.

Acerca De Ministerios Precepto Internacional

Ministerios Precepto Internacional fue levantado por Dios para el solo propósito de establecer a las personas en la Palabra de Dios para producir reverencia a Él. Sirve como un brazo de la iglesia sin ser parte de una denominación. Dios ha permitido a Precepto alcanzar más allá de las líneas denominacionales sin comprometer las verdades de Su Palabra inerrante. Nosotros creemos que cada palabra de la Biblia fue inspirada y dada al hombre como todo lo que necesita para alcanzar la madurez y estar completamente equipado para toda buena obra de la vida. Este ministerio no busca imponer sus doctrinas en los demás, sino dirigir a las personas al Maestro mismo, Quien guía y lidera mediante Su Espíritu a la verdad a través de un estudio sistemático de Su Palabra. El ministerio produce una variedad de estudios bíblicos e imparte conferencias y Talleres Intensivos de entrenamiento diseñados para establecer a los asistentes en la Palabra a través del Estudio Bíblico Inductivo.

Jack Arthur y su esposa, Kay, fundaron Ministerios Precepto en 1970. Kay y el equipo de escritores del ministerio producen estudios **Precepto sobre Precepto,** Estudios **In & Out**, estudios de la **serie Señor**, estudios de la **Nueva serie de Estudio Inductivo**, estudios **40 Minutos** y **Estudio Inductivo de la Biblia Descubre por ti mismo para niños.** A partir de años de estudio diligente y experiencia enseñando, Kay y el equipo han desarrollado estos cursos inductivos únicos que son utilizados en cerca de 185 países en 70 idiomas.

Movilizando
Estamos movilizando un grupo de creyentes que "manejan bien la Palabra de Dios" y quieren utilizar sus dones espirituales y talentos para alcanzar 10 millones más de personas con el estudio bíblico inductivo.
Si compartes nuestra pasión por establecer a las personas en la Palabra de Dios, te invitamos a leer más. Visita **www.precept.org/Mobilize** para más información detallada.

Respondiendo Al Llamado
Ahora que has estudiado y considerado en oración las escrituras, ¿hay algo nuevo que debas creer o hacer, o te movió a hacer algún cambio en

tu vida? Es una de las muchas cosas maravillosas y sobrenaturales que resultan de estar en Su Palabra – Dios nos habla.

En Ministerios Precepto Internacional, creemos que hemos escuchado a Dios hablar acerca de nuestro rol en la Gran Comisión. Él nos ha dicho en Su Palabra que hagamos discípulos enseñando a las personas cómo estudiar Su Palabra. Planeamos alcanzar 10 millones más de personas con el Estudio Bíblico Inductivo.

Si compartes nuestra pasión por establecer a las personas en la Palabra de Dios, ¡te invitamos a que te unas a nosotros! ¿Considerarías en oración aportar mensualmente al ministerio? Si ofrendas en línea en **www.precept. org/ATC**, ahorramos gastos administrativos para que tus dólares alcancen a más gente. Si aportas mensualmente como una ofrenda mensual, menos dólares van a gastos administrativos y más van al ministerio.
Por favor ora acerca de cómo el Señor te podría guiar a responder el llamado.

Compra Con Propósito

Cuando compras libros, estudios, audio y video, por favor cómpralos de Ministerios Precepto a través de nuestra tienda en línea (**http://store.precept.org/**) o en la oficina de Precepto en tu país. Sabemos que podrías encontrar algunos de estos materiales a menor precio en tiendas con fines de lucro, pero cuando compras a través de nosotros, las ganancias apoyan el trabajo que hacemos:

- Desarrollar más estudios bíblicos inductivos
- Traducir más estudios en otros idiomas
- Apoyar los esfuerzos en 185 países
- Alcanzar millones diariamente a través de la radio y televisión
- Entrenar pastores y líderes de estudios bíblicos alrededor del mundo
- Desarrollar estudios inductivos para niños para comenzar su viaje con Dios
- Equipar a las personas de todas las edades con las habilidades es estudio bíblico que transforma vidas

Cuando compras en Precepto, ¡ayudas a establecer a las personas en la Palabra de Dios!

www.ingramcontent.com/pod-product-compliance
Lightning Source LLC
Chambersburg PA
CBHW071515040426
42444CB00008B/1650